행복은 누가 결재해주나요?

.

EIZEN-SAN NO SHIAWASE DRILL

by Mitsuro SATO

ⓒ 2017 Mitsuro SATO

All rights reserved.

Original Japanese edition published by SHOGAKUKAN.

Korean translation rights in Korea arranged with SHOGAKUKAN through JM Contents Agency Co.

행복은 누가 결재해주나요?

1판 1쇄 인쇄 2019. 12. 20.
1판 1쇄 발행 2019. 12. 27.

지은이 사토 미쓰로
옮긴이 양억관

발행인 고세규
편집 고정용 | 디자인 이경희
발행처 김영사
등록 1979년 5월 17일 (제406-2003-036호)
주소 경기도 파주시 문발로 197(문발동) 우편번호 10881
전화 마케팅부 031)955-3100, 편집부 031)955-3200 | 팩스 031)955-3111

값은 뒤표지에 있습니다. ISBN 978-89-349-9972-0 03190

홈페이지 www.gimmyoung.com   블로그 blog.naver.com/gybook
페이스북 facebook.com/gybooks   이메일 bestbook@gimmyoung.com

좋은 독자가 좋은 책을 만듭니다.
김영사는 독자 여러분의 의견에 항상 귀 기울이고 있습니다.

이 도서의 국립중앙도서관 출판시도서목록(CIP)은 서지정보유통지원시스템 홈페이지
(http://seoji.nl.go.kr)와 국가자료공동목록시스템(http://www.nl.go.kr/kolisnet)에서
이용하실 수 있습니다.(CIP제어번호 : CIP2019046222)

Korean Translation Copyrights ⓒ 2019 Gimm-Young Publishers, Inc.

행복은
누가
결재해주나요?

퇴사를 고민하는

당신을 위한

최소한의 참견

사토 미쓰로 — 양억관 옮김

김영사

일부러 커피를 엎질러본 적 있나요?

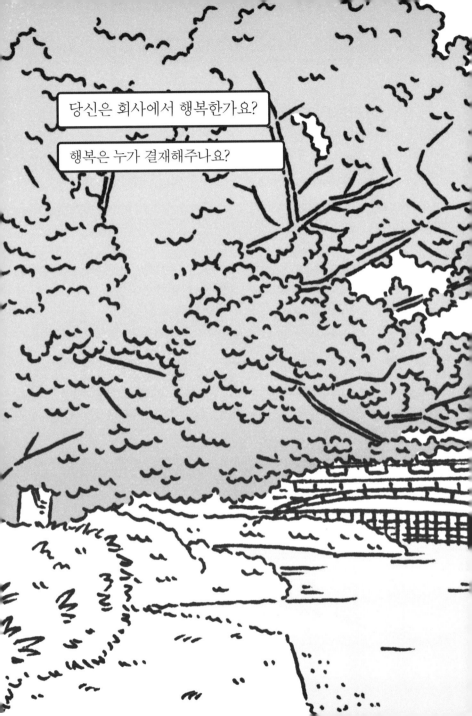

풀리지 않은 것 같던 의문을 고민하던 내게
예상치 못한 해답을 던져준 그 사람을,
도쿄로 돌아와 10년이 지난 지금에도
나는 잊지 않는다.

차례

미츠이 상사 조직도

SAX 레인저스

인사부	시스템부
이노우에 부장	야마오 부장

유통부	총무부	제조부
마츠다이라 부장	사이고 부장	히지가타 부장

사장 — 미츠이

달관(達觀) 씨	수리보수 담당
코다	청소 담당 직원
후쿠야마	임원차량 운전사
아이	사원식당 직원
가미야	경비실

● 원작에서는 '시설 보수 및 관리를 맡은 직책'인 '영선(營繕)'을 그대로 이름으로 썼다. 한국어로 옮길 때 뜻 전달이 어렵고
내용상 '회사 생활에 통달한 인물'이므로 저자 허락 하에 '달관(達觀)' 씨로 고쳐 옮겼다.

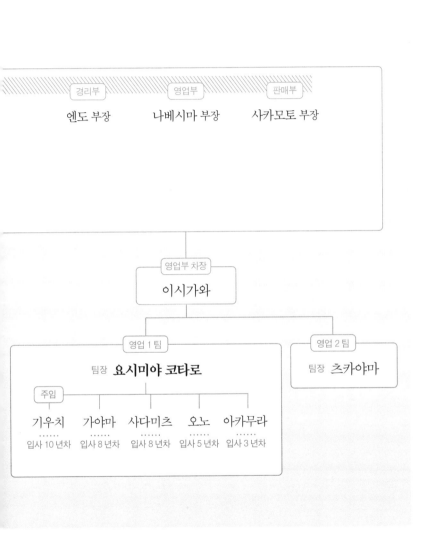

경리부　　　　영업부　　　　판매부

엔도 부장　　　나베시마 부장　　　사카모토 부장

영업부 차장

이시가와

영업 1 팀

팀장 **요시미야 코타로**

주임

기우치　　가야마　　사다미츠　　오노　　아카무라
⋯⋯　　⋯⋯　　⋯⋯　　⋯⋯　　⋯⋯
입사 10 년차　입사 8 년차　입사 8 년차　입사 5 년차　입사 3 년차

영업 2 팀

팀장 **츠카야마**

● 최신 라이프스타일 정보를 소개하는 일본 트렌드 웹진 《@DIME》에서 '당신이 회사를 그만두고 싶을 때는?' 설문조사 결과, 20~30대 직장인들에게 가장 많은 이유로 손꼽힌 18가지 답변을 각 장의 제목으로 뽑아서 구성했다.

제 1 화

부하직원이 잘 도와주지 않을 때

—

책상에 커피를 쏟아라

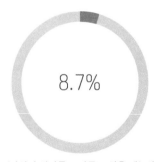

8.7%

'당신이 회사를 그만두고 싶을 때는?'
《@DIME》 설문결과

"잠깐 실례, 미안해요!"

그렇게 말하면서 작업복 차림의 아저씨가 성큼 사무실로 들어오더니 내 책상 옆에서 사다리를 펼친다.

달관 씨　일요일인데 참 대단하구만. 출근한 사람은 자네뿐이야. 어? 처음 보는 얼굴인데?

코타로　내일부터 출근하게 된 요시미야 코타로입니다. 조용한 일요일에 먼저 짐을 옮겨두려고요.

달관 씨　아, 자네가 영업1팀을 맡을 팀장이로구만. 소문은 들었어. 아주 실력 있다고 말이야. 사원들이 꽤 겁을 먹은 것 같더라고.

코타로　아니, 그렇지도 않습니다.

달관 씨　뭐 칭찬하려는 건 아니야. 괜히 겸연쩍어 하지 말어. 좀 전에 내가 부하들이 겁을 먹었다고 얘기했잖아? **그러면 상사로서 실격 아닌가?**

이 아저씨, 뭐야?

내가 팀장이란 걸 알면서 어떻게 어깨 힘 빡! 넣고 설교를 할
수 있어?

뭐가 뭔지 하나도 모르는 상태에서 둘만 딱 마주친 이런 상
황이 너무도 당혹스러웠다.

달관 씨   하긴, 부하 마음이야 천천히 풀어주면 되는 거야. 잠
        깐, 비켜줄려?

코타로   소방설비 점검 같은 겁니까?

달관 씨   형광등 갈아 끼우라고. 데스크 위에 붙은 거라 사다
        리를 세워야 하지만, 늘 이렇게 데스크 위에 올라가
        서 해버리는 거지.

코타로   아저씨, 고향이 어디시죠? 말투가 좀….

달관 씨   나, 오카야마 출신이야. 굳이 따지자면 할배 말투라
        고나 할까. 그잖은가, 나이 들면 다들 말투가 비슷해
        지잖아? 다 그런 거지 뭐.

코타로   늙으면 할아버지나 할머니나 다 비슷해지긴 하죠.

달관 씨   온갖 사람이랑 부딪치다 보면 가치관 차이가 점점 닳
        아 없어지니까. 차이의 모서리가 깎여 나가서 모두가
        똑같은 꼴로 돌아가버리지. 아, 그럼 자넨 신참이니
        까, 이 회사 전통을 좀 가르쳐줄까?

코타로   아, 감사합니다. 이 회사만의 '경험'이 없어서 내일

당장 무시당하지 않을까 걱정했더랬습니다. 부하들의 도움을 얻기 위해서라도 꼭 알고 싶습니다.

달관 씨 여기 영업부에서는 '갈색편지'라는 서류가 한 달에 한 번 돌아다녀.

코타로 갈색편지? 뭔데요, 그거.

달관 씨 내가 말이야, 지금처럼 데스크 위에 서서 작업을 하면, 그때마다 커피 컵을 발로 차니까 말이지, 서류 같은 게 젖어버린다구. 그래서 영업부 서류는 한 달에 한 번 갈색으로 물들어버리지. 그리고 그렇게 갈색으로 물든 채 서류가 결재에 올라가면, 그게 바로 갈색편지야. 잘 기억해둬.

코타로 어? 아저씨, 그건 그냥 실수한 거지, 남한테 자랑할 만한 일은 아닌 것 같은데요? 형광등을 갈아 끼울 때마다 커피를 쏟아요? 도무지 도움이 안 되잖아요. 오히려 일이 늘어날 뿐이죠!

달관 씨 생각해보라구, 일이 늘어나지 않으면 사원들이 심심하잖아?

코타로 매번 커피를 쏟으면서 도대체 어디서 그런 자신감이 나오는 거예요.

달관 씨 어라. 방금 자네가 말했잖은가. 부하의 도움이 필요하다고.

코타로 부하가 협력하는 거랑 커피 쏟는 거랑 무슨 관계가 있지요?

달관 씨 부하가 협력하지 않는 이유가 어디 있다고 생각해?

코타로 깔보니까요. 아무것도 모르면서 갑자기 나타나 윗사람이라고 하면 부하들이 기분 나쁘잖습니까.

달관 씨 아냐, 완전 아니야. 거꾸로야. **자네가 완벽하면 할수록 협력하지 않아.**

코타로 엥? 완벽하니까 협력하지 않는다…?

달관 씨 당연하지. 뭐든 다 잘하는 사람을 누가 도와주고 싶겠어? **빈틈이 있으니까 도와주고 싶은 거야.** 잘 생각해봐, 아까 그 커피 이야기. 데스크에 커피를 쏟는 그 순간, 어떻게 될 것 같아?

코타로 주변 사람들이 당황하겠죠. '갈색편지'라면서 웃는 사람은 아저씨 하나뿐일 걸요.

달관 씨 커피를 쏟은 바로 그 순간 주변의 움직임 말이야, 그건 **완벽한 연계플레이**라고 할 수 있지. 메이저리그 내야수들의 플레이 같다니까.

봐봐, 내가 발로 차서 컵을 넘어뜨리고, 그럼, 데스크에 앉은 사람이 '으앗!' 외치는 거야. 그러면 0.1초 뒤에는 앞 데스크도, 옆 데스크도, 회의실에 있던 사람도 튀어나오지. 한 사람은 쏟아지는 커피를 손바닥으로 받고, 하나는 티슈를 집으러 달려가고, 하나는 서류를 옆으로 밀치고, 하나는 걸레질을 해. 고작 1초 사이에 모두가 하나가 되어 역할 분담을 하며 움직이는 거야. 그런 상황이 자네에게 뭘 말해주는 것 같아?

코타로   그런가…. **움직이지 않으면 안 될 상황이면 모두가 움직인다**는 건가….

달관 씨   그렇지. **정말로 저 사람을 돕지 않으면 안 된다고 부하들이 생각할 만큼 자신의 '빈틈'을 드러내봐.** 그러면 모두가 도울 거야. 자네는 지금 가면을 쓰고 있어. '난 잘해'라는 자존심 가면 말이야.

코타로   자존심 가면?

달관 씨   그래. 영업부에서 자네 별명이 '자존심 가면라이더' 지, 아마?

코타로   엣? 정말요?

달관 씨   아니, 거짓말이야.

코타로   아저씨 정말 얼렁뚱땅이네요. 그렇지만 말씀만은 이해가 돼요. **완벽한 사람은 돕고 싶지 않다. 어벙한 사람이라면 돕고 싶다.**

달관 씨   아냐. '돕고 싶다' '돕고 싶지 않다'라는 마음을 말하는 게 아니라니까. 커피를 쏟은 순간처럼 **당장 '돕지 않으면 안 되겠다!'라고 생각할 만큼 빈틈을 부하들에**

게 보일 수 있다면 좋을 거라는 말이지. 그런 것만 내
보여도 사람은 저절로 몸을 움직인다구.

코타로 책임자로서 거기까지 할 수 있을지….

달관 씨 **먼저 마음을 열어봐. 세상은 그것만으로 잘 돌아갈 수
있다네.** 자네가 완벽하니까 주변이 허술해지는 거야.
자네가 허술하면 주위가 완벽하게 움직인다구.

결국 **상사의 역할이란 '커피를 데스크에 쏟는 것'**이
아닐까? 언젠가 영업부 젊은이들의 연계플레이를 자
네한테 보여주고 싶구만.

코타로 한 달에 한 번 쏟는다고 했죠? 그럼 언젠가는 그럴
기회가…. 내일부터 이 회사에 출근하니까요.

이것이 나와 '달관 씨'가 처음 만난 날의 이야기이다. 다음 날
부터 시작하는 새로운 회사생활에 대해 잔뜩 긴장하던 내 마음
에 달관 씨의 이야기는 여유를 주기에 충분했다.

허점을 보여주는 게
상사의 역할일 수도?

당신이 다른 사람의 도움을 받지 못하는 것은
당신이 너무 완벽하게 보이기 때문.

제 2 화

선배가 창업에 성공해서 배 아플 때

회사를 그만두면 내가 바뀔까

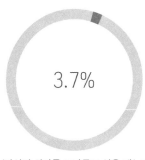

3.7%

'당신이 회사를 그만두고 싶을 때는?'
《@DIME》 설문결과

내가 도쿄에서 니가타의 미츠이상사로 파견을 나온 것은 리먼 쇼크 다음 해, 이 제과업계에도 찬바람이 불어닥쳤을 때였다. 구조조정을 위해 창업주 가족이 던져버린 30% 지분을 외국자본이 사들여 사외이사 겸 부장 다섯을 파견한 것이 지난해. 올해 경영 혁신 2년째를 맞이하여 실적을 올리려고 나를 불러들인 것이다.

나를 끌어들이면서 영업부장 나베시마가 내린 지시는 오로지 하나.

"많이 팔아줘."

원래 IT계열 회사에서 5년 연속 최고 기록을 세운 영업사원이었던 내 눈에 역시나 지방 영업사원의 수준은 좀 떨어져 보였다. 아직 개선할 점이 많고 뻗어나갈 공간이 너무 많아서 나는 의욕을 불태웠다.

코타로   주임님, 사실은 아무도 없는 일요일에 회사에 와서 짐을 풀었는데요. 그때 작업복 입은 아저씨를 만났거든요. 누굽니까?

기우치 달관 씨 아닐까 싶어요. 회사 설비를 고치는 분입니다. 마침 회의실 형광등이 나갔는데 내선으로 부를까요? 창고에서 여기까지 5분이면 오니까요.

코타로 그럼 내가 한번 가볼게요. 회사 어디에 뭐가 있는지도 알아야 하니까요.

장소를 알아두고 싶다는 건 핑계만은 아니다. 사실은 어제

만났던 '달관 씨'를 다시 한번 보고 싶었다.

가르쳐준 건물 문을 열고 들어서는 순간 '여긴 오아시스다!' 라고 나는 속으로 외쳤다. 부서진 컴퓨터에 전구, 낡은 책상에 구멍 뚫린 소파. 수리를 하기보단 버려야 할 것 같은 비품들이 아무렇게나 쌓인 이 공간을 왜 '오아시스'처럼 느꼈는지는 나도 모를 노릇이지만, 내 마음은 오른쪽으로 돌아가는 문손잡이와 함께 풀어지기 시작했다.

코타로   실례합니다. 영업1팀 형광등을 좀 교환해야 하는데요? 누구 안 계신가요?

달관 씨   허참, 아무도 없을 것 같은 데로 들어와서 누구 없느냐고 묻는 인간이 세상에 어디 있어?

코타로   으앗, 깜짝이야! 계셨네요.

달관 씨   있지, 당연히. 자네가 믿었던 그대로. **세상은 그대가 믿는 그대로 보이는 것이니까.** 자네는 여기에 누군가가 있을 거라 믿고 불렀잖아?

지금 생각해보면 달관 씨의 말은 언제나 철학적이었다. 나는 그 감각적이고 시적인 말에 빨려들었다.

코타로   아, 하긴 그렇네요. 그러니까, 어제는 감사했습니다.

덕분에 긴장이 많이 풀렸어요.

달관 씨 그렇다면 자기만이 아니라 다음에는 부하들 마음도 풀어주도록 해야지. 사원들은 '엘리트 팀장'으로 유명한 자네에게 겁을 먹고 있어. 불쌍하잖아.

코타로 아, 네…. 그런데 달관 씨는 수리보수 담당이시죠. 요즘 세상에는 드문데.

달관 씨 옛날에는 말이야, 어느 회사에도 다 있던 거야. 회사 비품이나 시설을 수리보수하는 부서. 그렇지만 지금은 모두 외주를 주잖아? 그냥 새것으로 바꿔버려. 낡은 것을 고쳐 쓴다는 정신이 없어. 회사도 간단히 그만둬버리고 '새로운 회사'로 옮겨 가잖아? 아, 자네도 그런 거였어?

코타로 저는 파견이라서 2년 지나면 본사로 돌아갑니다. 그렇지만 '새로운 회사'로 옮기는 건 시대의 흐름이니까요. 종신고용 신화는 벌써 무너졌잖아요.

달관 씨 여기 널려있는 비품이나 마찬가지야. 필요 없어지면 새로운 걸로 바꾸지. 회사 쪽에도 고쳐서 마지막까지 보살피겠다는 각오가 없고 말이야.

코타로 새로운 물건으로 바로 바꾸어버리면 된다는 건 좀 그렇죠.

달관 씨 그렇고 말고. 그런데 오늘은 무슨 일로 오셨나?

코타로   아, 그게…, 대화하고는 좀 안 맞지만, 형광등을 새걸로 교환해주십사 하고.

달관 씨 사람 놀리는 거야, 자네?

코타로   그렇지만 형광등 같은 건 바꾸어야….

달관 씨 농담이야. 나라도 형광등은 고쳐서 못 써. 옆에 있는 창고로 가지러 가자구.

코타로   예? 여기가 창고 아닌가요.

달관 씨 아냐, 여긴 수리보수과 휴게실이야. 창고는 옆이고.

코타로   비정규직을 위한 휴게실까지 있다니, 정말 대단한 회사네요!

달관 씨 나도 쉬어야 하잖아.

코타로   그렇지만 사원용 휴게실은 없는 것 같은데요?

달관 씨 그래서 뭐가 문젠데?

코타로   문제는 문제죠. 사원에게는 휴게실이 없는데 잡무 부서에는 휴게실을 마련해주다니요?

달관 씨 말을 가려서 해, '코타로'. 잡무가 아니라 수리보수과라니까.

코타로   왜 갑자기 만만하게 이름 부르고 그럽니까. 이래 봬도 팀장이라니까요.

달관 씨 자네는 스스로를 대단하다고 생각하겠지? 그런 착각을 고쳐주기 위해서라도 반말을 하기로 했어. 스스로

를 대단하다고 생각하니까 자네 스스로 고통받는 일
이 많이 일어나거든. 코타로, 이건 자네를 구원하기
위해서야.

코타로   아…. 하긴, 청소아저씨한테 반말 듣는 정도야 뭐.

달관 씨   청소부가 아냐, 수리보수과라니까!

그런 다음 달관 씨는 창고로 나를 안내해주었다. 데스크에
의자, 소파에 사물함, 모든 것이 새거였다.

코타로   이렇게 멀쩡한데 못 쓰는 물건이 되어버렸어요?

달관 씨   다 쓸 수 있어. 코타로, **새걸 산 사람이 맨 처음 하고
싶어 하는 게** 뭔지 알아?

코타로   흐음, 그러니까 새걸 사면 맨 먼저 닦지 않을까요?

달관 씨   아냐. **새걸 손에 넣는 순간 또 다른 새것도 가지고 싶
어 해.**

코타로   엥? 새로운 걸 손에 넣은 순간에요?

달관 씨   그렇고 말고. 손에 넣는 순간 바로 카운트다운이 시
작되지. 왜냐하면 **'아직 갖지 못한 것을 가지고 싶다'
라는 의식으로 그것을 손에 넣었으니까. 그러면 그걸
손에 넣는 순간 '이미 가진 것'이 되어버려.**

코타로   정말 그러네요. 남자라서 알 것 같은 기분이 들어요.

'낚은 물고기에는 미끼를 주지 않는 타입'을 말하는 거네요.

달관 씨 그렇지. '낚기'와 '손에 넣은 것'이 목적이다 보니, 그걸 손에 넣으면 그 순간 **다른 것을 가지고 싶어 해.** 여기 잔뜩 쌓인 비품들은 그런 이유로 여기 모인 것들이야. 팔팔한 그대로. 어디 흠집도 없어. 먼지도 안 묻었다니까. **가진 '물건' 때문이 아니라, 가진 사람의 '의식'이 원인**이 되어 여기로 온 것이니까.

코타로 좀 아까운 느낌이 드네요.

달관 씨 똑같은 짓을 하면서 말은 잘하네. 회사를 벗어나 '새로운 환경'으로 옮겼잖아.

코타로 이런 파견은 탈(脫) 월급쟁이가 아니에요.

달관 씨 그럼, 질문이다.
A회사를 그만둔 사람이 B회사로 가면, 다시 똑같은 고민에

갖고 싶은 것은
'아직 가지지 못한 것'이다

아직 가지지 못한 것

손에 넣으면

이미 가진 것

빠지지. 그래서 B회사도 그만두고 다름 C회사로 옮겨. 그렇지만 거기서도 똑같은 고민을 하게 돼. 코타로, 왜 그렇다고 생각해? **잘 보면 그 모든 것에 한 가지 공통점이 있어.**

코타로   A와 B와 C라는 회사에 공통된 것이요…? 월급이 적다든지?

달관 씨   아냐.

코타로   A, B, C 모두 야근이 많다?

달관 씨   그것도 아냐. 잘 들어. 정답은 A하고 B하고 C라는 회사로 **이동한 사람이 같다**는 거야. 그래서 결국 이 '사람'이 D회사에 가건 E회사에 가건 F회사로 가건, **어디에 간들 그 회사에 간 '사람'이 결국은 똑같다는 말이지.**

코타로   아, 그러네요. 그게 유일한 공통점이네요. 그러니까 '이 사람'은 어느 회사에 가건 마찬가지라는 거?

달관 씨   같고 말고. **모든 것은 '환경'과 '나'의 관계성에서 일어나지.** 식으로 만들면 이렇게 돼.

환경 × 나 = 일어나는 일

그렇다는 건 아무리 '환경'을 바꾸어도 '나'가 변하지

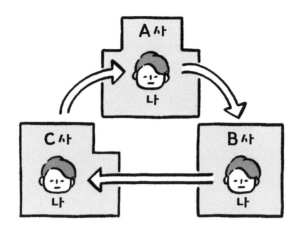

않으면 아무것도 변하지 않는다는 거지.

코타로 아하, 그거 곱하기를 하니까 정말 알기 쉽네요. **결국은 모든 것에 '나'가 관련되어 있다는 거.** 이를테면 '나'가 마이너스라면 아무리 '환경'을 플러스로 한들 '일어나는 일'은 마이너스 그대로라는 거네요.

달관 씨 어느 등산가가 온 세상의 산을 다 정복했어. 에베레스트, 킬리만자로, 후지산 모두 정상을 밟았지. 그런데 뭔지 모를 허무에 사로잡힌 거야. 어느 산이건 풍경이 다 똑같다는 느낌이 든 거지. 그러던 등산가가 어느 날 집 앞의 작은 산을 올랐다가 처음으로 감동을 맛본 거야. 왜 그랬을까?

	나	×	환경	=	일어나는 일
A사	-3	×	1	=	-3

環境을 플러스로 바꾸어본다

| B사 | -3 | × | 2 | = | -6 |

내가 바뀌지 않으면 결국
아무것도 바뀌지 않는다!!

코타로 자주 듣는 말이 있잖아요. 해답은 가까운 곳에 있다
고. 그런 도덕적인 이야기를 하는 건가요?

달관 씨 틀렸어. 이 등산가는 산에 오르기 전에 안과에 갔었
어. 그리고 근시라는 판정을 받은 거야. 온 세상 어느
산을 오르건 뿌옇고 흐린 풍경밖에 볼 수 없는 거지.
그런데 처음으로 안경을 쓰고 오른 집 근처 작은 산
에서 그는 눈물을 흘린 거야. 살다가 처음으로 선명
한 '세상'을 보았기 때문이지.

잘 들어, 코타로. **세상 어디를 가든 아무것도 바뀌지
않아. 왜냐하면 세상을 바라보는 건 결국 '나'니까. 어
느 세상도 최종적으로는 '나'라는 필터를 통하여 드러
나는 거야.** 그러므로 '세상'을 바꾸기 전에 '나'를 바

꾸지 않으면 아무 의미도 없어.

코타로 · 엄청난 이야기네요. 온 세상 산을 오른 사람이 자신이 근시라는 사실을 몰랐다니, 가능한 일인가요?

달관 씨 **그 사람에게는 당연한 일이기에 스스로 전혀 느끼지 못하는 거야.** 어떻게 '당연한 것'을 당연하다고 생각할까? 그 사람에게 '당연한 것'이므로 그게 잘못되었다고 생각할 수 없는 거지. 이것이 바로 고정관념이라는 놈이야. 그리고 누구든 그런 걸 가지고 있어.

코타로 나도, 그런가요? **나도 나만 느끼지 못하는 안경을 끼고 있는 건가요?**

달관 씨 잠깐, 이 책에 써 있어. 흐음, 그러니까… '코타로'는 세상에서 가장 심한 편견안경을 쓴 남자라고. 그럼 그럼. 어이, 아무래도 자네는 '안경잡이 코타로'라고 불리는 모양이야.

코타로 헛참, 아무 말이나 막 하지 마세요. 그렇지만 **회사를 그만둔다고 해도 스스로 변하지 않으면 아무런 의미가 없다**는 말에는 저도 공감합니다. 회사를 그만두지 마! 그런 가르침으로서 말이죠. 젊은 애들이 걸핏하면 회사를 그만두는데, 근성을 가지고 버텨야 하는 겁니다.

달관 씨 아무도 '회사를 그만두지 마'라고 하지는 않아. 그만

뒤도 좋아. 버티지 않아도 돼. 다만 **회사를 그만두어도 그만두는 사람의 의식이 바뀌지 않으면 다른 회사에서도 같은 일을 반복하게 된다**는 구조적인 문제를 지적하는 것뿐이네. 의식을 먼저 바꾸고 그만둔다면 그건 정답이라 할 수 있어.

코타로   '의식을 먼저 바꾸고' 그만둔다고요?

달관 씨   이를테면 '회사에서 도망치듯이 그만둔 사람'이라면 다음 회사에서도망치고 싶어지는 사태가 그 '사람'에게 일어날 거야. 의식이 바뀌지 않았으니 세상은 늘 똑같이 보이지.

그런데 '회사생활이 미치게 즐거울 때 그만둔 사람'이라면 다음 회사에서도 즐거워서 미칠 그런 일들이 그 '사람'에게 일어나. **'무엇'을 보느냐는 문제가 아냐. '누가' 그것을 보았는가가 문제**지. 모든 것은 '나'의 관점에 따른다는 거야.

코타로   결론적으로 '세상'이란 '나'에게 보이는 것이니까 '나'가 바뀌지 않으면 안 된다…. 그런데도 사람들은 '환경'을 먼저 바꾸려고 한다는 거로군요.

어떤 신문사 조사에 따르면 월급쟁이 거의 전부가 정년퇴직까지 최소 열 번은 망설인다고 하더군요. 회사를 그만둘 것인지, 그냥 다닐 것인지.

달관 씨 그렇지. 그게 월급쟁이의 명제라는 거지. 그렇지만 **'환경'을 바꾸어도 그 환경에 '마주친 사람'이 바뀌지 않으면 결국 마찬가지**라는 거야.

결론적으로, 실제는 **아무도 '회사라는 것'을 그만두지 못해.**

코타로 아, 정말 그렇게 되겠네요.

회사를 그만둔 사람도 결국은 다른 '회사'에서 일하게 되고, 독립하여 창업한 사람도 '회사'의 사장이 될 따름이죠. 그렇다면 **지금 회사를 그만두어도 결국 모두가 '회사'와 관계**하는 거네요.

달관 씨 누구 하나 '회사'를 그만두지 않으니까, A회사에서 B

회사로 옮겨도 의미가 없지. **그보다는 옮겨 가는 '사람'의 의식을 먼저 바꾸는 것**이 중요해.

동료가 싫어서 회사를 그만두고 싶다.

보람이 없어서 회사를 그만두고 싶다.

월급이 적어서,

회식 자리가 싫어서,

휴가가 적어서,

꼴 보기 싫은 상사가 있어서 등등.

그런 문제들을 해결하는 것이 아니라, 그런 문제들을 '문제라고 생각하는 사람'의 의식을 먼저 바꾸는 거야. 요컨대 세상의 월급쟁이 의식을 먼저 바꾸면, 어떤 사람도 '그만두자' 혹은 '그만두지 말자'라고 고뇌하지 않아.

코타로 문제를 해결하지 않고, 세상의 월급쟁이 의식을 먼저 바꾼다…. 그렇지만 그런다고 해서 달관 씨한테 무슨 이득이 있어요?

달관 씨 이 회사가 좋으니까. 그런데 말이지, 그만두지 못하고 계속 고뇌만 하는 사람이 아주 많아. 거기에다 그만두기는 했지만 다른 회사에 가서도 똑같은 고민을 하는 사람이 있지.

그래서 어느 '회사'에서도 일어나는 이런 공통 문제

를 근본적으로 해결할 방법을 제시해서 **다시는 '그만**
둘 것인가' '그만두지 않을 것인가'를 고뇌하지 않아도
되게끔 해주고 싶어.

코타로, 이 나라는 월급쟁이가 떠받치고 있어. 나는
그 모든 월급쟁이를 돕고 싶은 거야.

냉철한 성과주의자인 내가 평소라면 절대로 귀 기울이지 않
을 상대. 사회적 지위도 직함도 나보다 낮은 상대. 그렇지만 그
'이상(理想)'에 가슴이 조금 떨렸다. **모든 월급쟁이가 '그만둘 것**
인가' '그만두지 않을 것인가'라는 쓸데없는 고뇌에서 해방되는
날이 오기를.

이렇게나 숭고한 이념이 이렇게 후줄근하고 작은 공간에서
세상으로 퍼져나간다니, 막 부임한 나에게는 상상도 할 수 없
는 일이었다.

'무엇'을 보는가는
문제가 아니다.
'누가' 그것을
보았느냐가 문제.

회사를 그만두고 다른 회사로
바꾸었다 해도 일하는 '사람'은 똑같다.
먼저 바꾸어야 할 것은 '나'의 의식이다.

제 3 화

회의 시간이 너무 길어서 괴로울 때

서로를 모르니 회의 시간만 길어진다

12.4%

'당신이 회사를 그만두고 싶을 때는?'
《@DIME》설문결과

행복은 누가 결재해주나요?

형광등 교환을 부탁하고 창고를 나
선 다음 회사 구내를 돌아보았다. 대학
캠퍼스보다도 넓은 구내에는 건물들
이 듬성듬성 섰고, 운동장도 갖추어져
있었다. 게다가 미츠이상사는 PB(프라
이빗브랜드) 초콜릿을 생산하는 멋진 공
장도 있어서 걸어서 돌아보기에는 너
무 넓었다.

걷다 지친 나는 도중에 구내 탐험을
그만두고 본관에 있는 임원실에 들렀
다. 나의 직속상관이자 나를 이곳으로
데리고 온 나베시마 영업부장과 미팅
이 있어서였다.

미팅을 마치고 별관 영업부로 돌아
가니 오전 10가 넘었다.

달관 씨　　엇샤, 어느 형광등?

코타로　잠깐, 달관 씨. 아직 안 갈아 끼웠어요? 내가 본관에서 일을 보고 돌아오기 전에 끝났을 줄 알았는데.

달관 씨　내가 늦은 건지 코타로가 빨리 돌아온 건지는 보는 사람에 따라 다르지.

코타로　아뇨, 제가 보기에는 달관 씨가 늦었어요. 전 나베시마 부장님하고 30분이나 미팅을 했는데요.

달관 씨　**30분이나 이야기를 나누어야 하다니, 서로를 몰라도 너무 모르는 모양이군.** 정말 안됐어.

그 '의미심장한 한마디'가 나를 사로잡았다. 후줄한 작업복 차림을 봐서는 상상도 못할 표현력에 나는 그다음 말을 듣지 않고는 배길 수 없었다.

코타로　서로를 잘 모르니까 오래 걸린다…?

달관 씨　애당초 코타로는 회의라는 걸 왜 한다고 생각해?

코타로　서로 정보를 공유하기 위해서죠.

달관 씨　앞뒤가 꽉 막혔구만, **'정보를 공유한다'라니, 자네, 국어사전에서 튀어나온 거야?** 아~ 지난번 회사가 사전 만드는 출판사였구만? 어차피 튀어나올 바에는 그림 동화에서 나오면 좋잖아, 이상한 나라의 앨리스처럼.

코타로　전 앨리스는 아니고요, 회의나 미팅은 정보를 공유하기 위해 하는 겁니다.

달관 씨 너무 심각하게 뻗대니까 무섭네 정말. 잘 들어봐. '정보공유'를 우리말로 하면 어떻게 돼?

코타로 정보공유가 애초에 우리말이라니까요.

달관 씨 너, 짜식아!! 나의 초현실주의 유머를 심각하게 박살 내려 들다니.

코타로 죄송합니다. 아직 니가타 유머감각을 잘 이해하지 못해서….

달관 씨 잘 들어. '정보공유'를 그림동화식으로 말하면 '서로의 가슴을 열어 보이는 것'이잖아?

코타로 아, 예… 맞습니다. '정보공유'란 가진 정보를 드러내 보이는 것이니까요.

달관 씨 **그럼 회의나 미팅이란 서로의 가슴을 열어 보이기 위한 것이지?**

코타로 쉽게 말하면 그렇게 되지요.

달관 씨 왜 서로의 가슴을 열어 보이는 거야?

코타로 아, 글쎄요.

달관 씨 서로 **알기 위해서야.** 요컨대 가슴 속에 있는 걸 드러내 보이면 서로를 알게 돼. 자네는 나베시마 부장하고 30분이나 미팅을 했지? 그렇다면 서로가 가슴에 품은 것을 감추고 있다는 것이야. 그러니까 서로를 잘 모르는 관계라는 말이지.

코타로 아직도 퍼뜩 다가오지 않네요. 서로를 잘 몰라서 오래 걸린 게 아니라, 실제로 30분 정도 필요한 미팅이었습니다.

달관 씨 그럼 내가 갑자기 아마존 원주민 말을 쓰기 시작한다면, 나하고 미팅에 얼마나 시간이 걸릴 것 같아?

코타로 아주 많이 걸릴 테지요. 애당초 원주민 얘기가 뭔지도 모르겠고.

달관 씨 **봐, 모르는 것이 있으면 시간이 걸려,** 알기까지.
그럼 다음 질문. 원주민 말보다 미팅을 잘 할 수 있는 말은, 어떤 말?

코타로 우리말이죠. 서로 아는 말이니까.

달관 씨 그 봐. 서로 아는 게 많으면 미팅도 짧아지기 마련.

코타로 아, 예…. 그런데 어쩌다 이런 이야기를 하게 된 거죠? 이런 잡담할 시간에 형광등이나 갈아주세요.

달관 씨 잘 들어. 영업1팀 회의는 늘 길다구! 미팅 시간이 길다는 건 서로 잘 모른다는 거야. 과장들끼리 서로를 잘 모른다는 별 볼 일 없는 이유 때문에 매번 회의 때마다 전화로 내가 불려가는 거야.

코타로 그냥 불만을 털어놓고 싶었던 거로군요. 형광등이 자주 터지면 달관 씨가 힘들어지니까요.

달관 씨   불평하는 게 아니야. 회사에서 서로 잘 아는 사람이 적으니까 다들 회사를 그만두려고 한다는 사실을 알려주고 싶었을 뿐이야.

코타로   아저씨, 정말로 '회사를 그만두고 싶어 하는 원인'을 이 세상에서 없애고 싶은 겁니까? 무리예요, 그런 건.

달관 씨   무리라고 생각하니까 무리가 되는 거야. 된다고 믿을 것. 믿으면 어둠이 깔린 세상이라도 이 형광등처럼 밝게 비출 수 있어.

코타로   아무튼 회사 안에 서로를 잘 아는 사람을 잔뜩 늘리면 된다는 이상론을 말하고 싶은 거지요. 예, 예, 잘 알아 모시겠습니다.

달관 씨   이상이 아닌 현실이라니까. **회사 안에서 서로를 잘 아는 사람이 늘어나면 그만두는 사람이 적어지지.** 서로를 잘 모르니까 다들 회사에서 벗어나고 싶어 하는 게 아닐까. **실제로 회의실 형광등이 잘 터지는 회사는 이직률이 높아.** 서로를 잘 모르니까 회의가 길어지고 형광등이 잘 터지는 거야. 내가 오랜 세월 겪어온 경험담이야.

코타로   그런 회사에 서로를 잘 아는 사람이 늘어나면

회의 시간이 짧아지고,

회사를 그만두는 사람도 줄어들고,

형광등 교환횟수도 줄어들고,

달관 씨 일도 줄어들고,

달관 씨 휴식시간만 늘어나고,

온 세상은 좋은 일만 가득하게 된다,

그런 말을 하고 싶은 겁니까?

달관 씨 정말 징그런 놈일세. 어떻게 하면 그렇게 성격이 삐뚤어질 수 있어? 도쿄 공기가 나빴던 거야? 이 니가타의 신선한 공기를 마시고 조금이라도 회복되기를. 오오, 야히코 신(니가타에 있는 야히코 신사의 신)이시여, 코타로를 구원해주소서.

코타로 태어날 때부터 이런 성격이라서요. 뭐, 그렇지만 **회사내부에 서로를 잘 아는 사람이 적어서 회사를 그만두는 사람이 늘어난다**는 말은 알아들었어요.

달관 씨 덧붙이자면 이건 회사만의 일이 아니야. 지금 전국에서 '서로를 이해하는 동료'가 적어지고 있어. 남편은 아내에게, 아내는 자식에게, 아들은 선생에게 마음을 닫고 있지. 옛날에는 모두 가슴을 열고 자신을 드러낸 채 살았는데 말이야. 왜 그럴까?

코타로 가족끼리 가슴을 열어 보이지 않는 건 문제라고 생각하지만, **회사에서 만난 상대에게 가슴을 열어 보일 필요는 애당초 없는 거 아닌가** 싶어요. '회사에서만 동료'라는 말이 있듯이 그냥 비즈니스 상대니까요.

달관 씨 코타로 같은 비겁자가 회사를 엉망으로 만들어버리는 거야.

코타로 그거 너무 실례되는 말이잖아요. 나는 비겁자가 아니라구요. 싸울 때는 싸워요.

달관 씨 **비겁하니까 싸우는 거야.** 마음을 닫고 뭔가를 숨기고 싶어서 있는 힘을 다해 벌벌 떠는 거지. 용기 있는 사람은 먼저 가슴속을 드러내 보여. 그러니 애당초 싸움이 일어날 리 없는 거야.

코타로 겁쟁이라서 싸운다…. 용기 있는 자는 싸우지 않는다…?

달관 씨 곧 알게 돼. 코타로, 이건 게임이야. **회사 안에 서로 이해하는 동료를 늘려나가는 게임이지.** 상사와, 동료와, 부하와, 라이벌과, 다른 회사와, 고객과, 가족과, 서로를 이해하는 동료를 늘려나가자!

코타로가 맨 앞에 서는 거야. 그다음은 고전 롤플레잉 게임처럼 동료들이 뒤따라 다니며 움직이는 거지.

코타로 뭣 때문에 회사에서 기차놀이를 해야만 하죠?

뭐, 뭐, 뭡니까, '서로 이해하는 동료를 늘려가는 게임'이라는 거.

과장은 전사가 되었다. 딴따라따라 딴딴 ♪

부장이 그 뒤를 이었다. 딴따라따라 딴딴♪

전사의 칼을 손에 넣은 주임도 뒤를 이었다.

콩트냐고요.

달관 씨   정말 못하네. 세상을 바꿀 전사가 이래서야…. 코타
로, 너무 슬퍼서 눈물이 나오려 그래.

코타로   울고 싶은 건 나라니까요! 아무튼 그런 놀이하고 싶
으면 코스프레 파티에라도 가세요. 여기는 직장이라
고요!! 노는 데가 아니에요.

달관 씨   그다음은?

코타로   다음은 없어욧! 전 안 할랍니다!

달관 씨   그래서?

코타로   저, 진짜로 화낼 겁니다?

달관 씨   무스버 무스버. 도쿄인간은 무서워.

뭐, 자네는 결국 하게 될 거야. **먼저 가슴을 열고 모두
를 받아들이자.** 그리고 그 물결이 여기 미츠이상사
니가타지점에서 퍼져나가 세상을 바꾸어버리는 거
야. 좋았어. 서로를 이해하는 동료가 회사에 늘어날
때마다 나는 '딴따라따라 딴딴♪'을 흥얼거리며 옆에
서 레벨 업을 알려줄 테니. 자네가 처음으로 용기를
내어 불러준 전사의 멜로디를 흘려보내줄게.

코타로   싫어요. 미리 말해두겠는데, 과장으로서 아저씨를 자

르는 건 아주 간단하지 않을까요?

달관 씨　무서브라. 하지만, 용사여.

서로를 이해하는 동료를 늘여나가면 '그만두는 사람'
이 줄어드는 구조만이라도 우선 기억해두면 좋아.

더욱더 동료와 서로를 이해하자.

더욱더 상사와 소통하자.

더욱더 고객과 소통하자.

더욱더 라이벌과 소통하자.

언제나 하고 싶은 말을 내뱉고 나면 달관 아저씨는 갑자기
과묵한 기술자로 변신한다. 이번에도 마치 계산이라도 한 듯
팀원들이 외근을 마치고 사무실로 들어오는 타이밍에 맞추어
입을 다문 채 형광등 교체작업을 시작했다. 아저씨와 사이좋게
이야기 나누는 모습을 보이기 싫었기 때문에, 정말 아슬아슬한
타이밍이었다.

회의실 형광등이
잘 끊어지는
회사는 이직률이
높다구.

서로를 잘 이해하지 못하니까
회의 시간이 길어진다.
회사 안에서 '서로를 이해하는 사람'을
더욱 늘려가자.

제 4 화

부하직원을 혼내고 싶을 때

상대가 먼저 마음을 여는 경우란 없다

7.2%

'당신이 회사를 그만두고 싶을 때는?'
《@DIME》 설문결과

말이 좋아 상사(商社)이지, 미츠이상사는 전통적인 과자 도매상이다. 영업부의 주된 일은 과자 메이커에서 입하한 상품을 지역 슈퍼마켓이나 상점을 돌아다니며 소비자 눈에 잘 띄게 진열하는 것이다.

다른 도매업자도 있어서 진열대 공간 쟁탈전은 다반사이고 영업1팀의 회의도 '어떻게 다른 회사의 진열공간을 빼앗을까'라는 내용이 주를 이룬다.

코타로   자, 각 담당자는 현 상황을 보고해주게.

오노   마루에 슈퍼마켓에서 저희 매대를 10% 줄여버렸습니다.

코타로   왜?

나는 거만한 태도로 부하를 대했다. 처음에는 일부러 그렇게 했다. 부하에게 무시당하지 않기 위해. 다만 40세를 넘어서는 나 자신도 어디까지가 연기인지 알 수 없을 지경이다.

오노　히시토모 상사가 취급하는 '파이트 카드게임'이 어린 아이들 사이에서 인기가 높아 특별공간을 만드는 바람에 우리로서는 할 도리가….

코타로　변명하라고 하진 않았어. 타사가 특별공간을 만드는 사이에 오노는 뭘 했어?

오노　…….

코타로　타사에서 인기상품이 나왔으면 그보다 나은 인기상품을 내놓을 노력은 해봤어?

오노　크게 붐을 일으킨 파이트 카드게임을 이길 상품은 현재로서는 없습니다.

코타로　그럼 파이트 카드게임을 우리 회사가 취급할 수 있게 제작사와 교섭은 했나?

보통 도매상이 취급할 수 있는 과자 메이커는 정해져 있다. A라는 메이커의 상품은 늘 B라는 도매상만이 취급할 수 있다. 그것은 업계의 오랜 관행이었다. 다만, 도쿄에서 부임해온 능력 있는 팀장인 나는 가격교섭 등으로 메이커를 빼앗는 '메이커 영업'도 해보라고 부하에게 지시를 내렸다.

오노　메이커 영업까지는 아직 시도해보지 않았습니다. 죄송합니다.

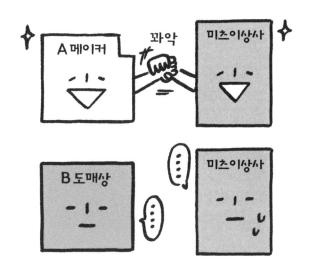

코타로   그럼 오늘 회의는 끝. 주임을 포함해서 영업1팀 다섯
       명 전원 오후에는 메이커 영업에 들어갑니다. 철저하
       게 메이커를 공략하도록.

내가 의도한 대로 나머지 네 명은 보고도 하지 못한 채 해산
했다. 회의실 형광등은 아직 갈지도 못했는데 미팅은 번개처럼
끝나버렸다.

달관 씨   자네 부하들이 벌벌 떨지 않았는가.
코타로   아, 다 듣고 계셨어요?

부하를 질책하는 모습을 달관 씨 앞에서 보이는 것도 계산한 대로였다. 내게 반말로 설교를 해대는 잡무 담당 아저씨와 조금 거리를 두기 위해서라도 내 지위가 얼마나 대단한지를 한번 보여줄 필요가 있었다.

달관 씨   나머지 네 사람은 보고조차 하지 못했어.

코타로   의도적으로 그런 거거든요? 애당초 첫 타인이 얼마나 무능한지를 보여줄 생각이었습니다. 그러니까 누구를 질책하든 아무 상관이 없었어요. 사람을 나무라면 나머지 네 사람에게 설명하는 시간을 줄일 수 있으니까요. **회의 시간이 짧으면 짧을수록 서로를 잘 이해하는 거잖아요?** 달관 씨의 경험이라고.

달관 씨   예외는 없어. **회의가 길다는 것은 서로를 잘 모른다는 것이니까.** 그렇지만 무작정 거들먹거리고 싶은 코타로한테는 좀 미안하지만, 내 눈에는 자네가 그냥 멍청이로밖에 보이지 않는군. 아직 회의가 끝나지 않았으니까.

코타로   예? 벌써 다 외근을 나갔는데요?

달관 씨   아직 서로를 잘 모르니까 똑같은 회의가 앞으로 100번은 더 이어질 거야. 5분 회의를 100번 하는 자네는, 흐음, 그러니까, 5 곱하기 100이면 500분이니

까 약 8시간의 형광등을 소모…. 정말, 자네 지구환경
을 위해서라도 당장 죽어주지 않겠나?

코타로 뭘 모르는 부하들이니까 앞으로 100번 정도는 뒤를
봐주어야지요. 그것이 상사의 임무니까요.

달관 씨 뭘 모르는 건 부하가 아니라 자네야. **서로를 잘 알기**
만 하면 한 번으로 끝날 것을 100번이나 회의를 하려
고 하다니. 이봐, 이런 격언 알아? **'주는 자가 받는 자'**
라고 말야.

코타로 데카르트…인가요? 철학은 싫어요.

달관 씨 데카르트도 아니고 철학도 아니야. 그냥 세상의 룰이
지. 머리 나쁜 자네에게는 철학적인 설명이 아니라
'알기 쉬운 비유'를 해야겠지. 잘 들어, 코타로. 자네
는 '부하란 혼내야 하는 존재다'라고 생각하고 있어.

코타로 그럼요. 그렇게 해서 지난번 회사에서도 성과를 올
렸으니까요. 방해하지 마세요. 우리 사원들은 의외로
멘탈이 강하다니까요.

달관 씨 자네 부하를 지키기 위해서가 아니라 자네를 지키기
위한 충고야. **자네가 믿는 그대로 세상은 돌아. 자네**
의 편견안경을 통해 자네에게만 보이는 세상이니까.
'부하란 혼내야 하는 존재'라는 것은 자네가 제멋대
로 믿는 고정관념인데, 그럼 자네는 누구 부하지?

코타로　제 직속상관은 나베시마 부장님이지요. 저기, 오늘 아침 회의를 했던.

달관 씨　그 아침 회의에서 자네 나베시마한테 엄청 꾸지람을 들었지?

코타로　아, 예…. 엉? 바깥에서 들었어요?

달관 씨　아냐, 듣지 않았어. '세상의 룰'로 예측한 거지. 원칙은 오로지 하나. **세상은 그 사람이 믿는 그대로 돌아간다.** 룰은 단 하나 이것뿐이야. 잘 기억해둬. 자, 나를 따라 해봐.

코타로　"세상은 그 사람이 믿는 그대로 돌아간다." 이것도 데카르트인가요?

달관 씨　자넨 아는 게 데카르트뿐이로구만. 그냥 '세상의 룰' 이라고 했잖아, 세상은 그 사람이 믿는 그대로 돌아 가. 그러므로 **주는 자가 받는 자가 되는 거야.**

코타로　역시 철학이란 놈 도무지 모르겠어. 그 '그러므로'의 사용법, 정말 의미를 모르겠다구요. 세상은 그 사람 이 믿는 그대로 돌아간다. '그러므로' 주는 자가 받는 자가 된다. 뭔데요, 그게?

달관 씨　넌 믿고 있어. '부하란 나무라야 하는 존재'라고. 이건 고정관념으로 자네 내면에 입력되었고, 자네는 그런 편견대로 세상을 보게 돼. 코타로, 아까 회의에서 '오노'라는 사람을 꾸짖고 싶었어?

코타로 　**'부하'라면 누구든 상관없다**고 했잖아요. 우연히 오노가 걸려들었을 뿐이에요.

달관 씨 　그거, 바로 그거야. '오노는 혼내야 하는 존재'가 아니라, '부하는 혼내야 하는 존재'라고 자네는 믿는 거야. 부하라면 아무라도 좋아. 그렇다면 **자네가 믿는 그대로 자네도 언젠가는 꾸지람을 듣게 되겠지. 그렇잖아. 자네도 누군가의 '부하'이니까.**

코타로 　아, 그렇구나!! 내 속에, '부하라는 존재는 꾸지람을 듣는 것'이라는 고정관념이 있으니까, 나도 언젠가 상사에게 꾸지람을 들을 거란 말이군요. 물론 '나'도 '나베시마'의 부하이므로.

달관 씨 　그렇고 말고. 아주 이해가 빠르네.

　　　　어린아이를 나무라는 부모는 어린아이 시절에 부모에게 꾸지람을 들었기 때문이야.

코타로 　아, 그거 자주 듣는 말이죠. 학대를 받으면 자신도 학대를 하고 만다.

달관 씨 　왜냐하면 '어린아이라는 존재는 꾸지람을 들어야 하는 것'이라는 고정관념에 사로잡혀 있으니까 자신의 아이에게도 그렇게 하는 것이지.

코타로 　자신이 어릴 때 당했던 것을 자신의 아이에게 하게

버럭버럭

『부하』= 혼나는 사람?

된다는 것. 그렇지만 그런 생각을 피해 행동하면 될 텐데요.

달관 씨 무리야. **인간은 배운 대로 '고정관념'에 따라 행동하는 것이야.** 그것 말고는 다른 행동을 하지 않아. 컴퓨터가 프로그램에 없는 행동을 할 수 없는 것처럼.

코타로 입력되지 않은 것을 할 수 없다는 건가요?

달관 씨 잘 들어. 인간의 모든 행동은 누군가에게 배운 것이기 마련이지. '포크는 찌르는 것'이라고 배웠기에 그대로 행동하고, '안경은 끼는 것'이라고 배웠기에 그렇게 하는 거지. '어린아이는 꾸짖어야 한다'라고 배웠다면 그렇게 할 수밖에 없는 거야.

코타로 듣고 보니 그런 것도 같네요. 안경으로 고로케를 찌르지 않고, 포크를 눈에 걸지 않는다. 모든 것이 '○○은 ◇◇하는 것'이라고 **배운 대로 행동하는 것**. '그 사람만의 생각'이란 놈이 이런 거란 말이군요.

『포크』는 찌르는 것

『안경』은 쓰는 것

달관 씨 외국 담배에는 이런 충고가 적혀 있어.

'Children see, Children do.(아이는 보는 대로 따라한다.)'

'담배는 피우는 것'이라고 입력되면 피우는 거야. 결코 담배를 먹지는 않아. 배운 대로 할 뿐이야. 이렇게 배운 것만을 행동으로 옮기는 기계가 인간이란 거지. 그 사람만이 낀 '편견안경'은 쭈욱 이어져 가는 거야.

코타로 그럼 저도 회사생활 속에서, '부하란 꾸짖어야 하는 존재'라는 것을 배우고 그것을 그대로 대물림하고 있는 거네요. 그리고 **저는 제 믿음처럼 부하를 혼내고, 저도 상사한테 깨지게 된다는 거죠?**

달관 씨 그럼 그럼.

코타로 그리 생각하니 '주는 것이 받는 것'이란 말의 의미도 잘 알 수 있네요. **타인에 대해 행하는 것과 똑같은 것을 자신도 받게 되니까요. 왜냐하면 '타인'도 '자신'도 모두 '인간'이기 때문에.**

달관 씨 완벽하게 이해했구만. 세상의 룰이란 게 간단하지? '오노'도 '코타로'도 '부하'였어. 그와 마찬가지로 '타인'도 '자신'도 '인간'이야. 그러므로 타인에게 하는 것을 그대로 자신이 받게 되는 셈이야.

코타로 주는 것이 받는 것. 이제 뜻을 잘 알겠습니다.

달관 씨 그렇지? 그걸 잘 이해하지 못한 것은 과거의 철학자들이 적절한 말을 사용하지 못해서일지도 몰라. 나라면 이렇게 덧붙이겠어. **주는 것이 받는 것. 왜냐하면 자신도 타인도 '인간'이니까.**

코타로 그렇다면 '인간이란 존재에게 상냥해야 한다'라 믿고, 다른 사람에게 잘하면, 나도 '인간'이므로 누군가에게 상냥한 대접을 받는다는 거네요?

달관 씨 자네는 '인간'이 아니니까 그런 대접을 잘 못 받을 테지만. 그래도 정확히 이해는 했다고 봐야겠지.

코타로 그런 농담은 하지 마세요. 나도 '인간'이라니까요! 덧붙여서 이 세상의 룰(?)이란 거, 어디 써먹어요?

달관 씨 그렇다고 이게 아무 소용없느냐, 절대로 그렇지 않

아. 세상의 모든 것은 오로지 이 하나의 룰로 움직이니까. 그럼 이야기를 좀 앞으로 돌려볼까.

코타로 무슨 이야기를 했었죠?

달관 씨 용사 이야기잖아. 자네는 뭘 하는 용사였지?

코타로 음, 그러니까 '회사에 서로를 이해하는 사람을 늘리자 게임'의 최초의 용사입니다. 내 입으로 말하자니 엄청 바보같다는 생각이 들긴 하지만.

달관 씨 딩동댕. 그럼 '서로 이해하는 사람을 늘리기' 위해 어떻게 해야 해?

코타로 속내를 감추니까 서로를 잘 이해하지 못한다고 했으니까…, 상대에게 마음을 열어 보인다?

달관 씨 조금 달라. **상대에게 속내를 '먼저' 드러내 보이는 거**

야. 어이, 힘자랑하는 과장님. 핸드폰으로 당장 오노를 불러. 그리고 자네의 속내를 먼저 드러내 보이는 거야.

코타로   예에? 팀장인데, 왜 제가 먼저 속내를 드러내 보여야 한단 말입니까? 오노가 먼저 마음을 열고, 그 다음에 제가 그리 한다면 뭐.

달관 씨   이런 돌대가리 녀석. **'타인'이 먼저 마음을 여는 경우는 절대로 없어.**

코타로   예?

달관 씨   그러니까 자네가 지금 믿고 있는 '고정관념'의 내용은 '오노라는 존재가 먼저 마음을 연다'가 아니라 '상대가 먼저 마음을 연다'라는 거잖아.

코타로   그렇지만 믿는 대로 세상이 돌아간다면 상대가 먼저 마음을 열어야 하잖아요? 전 그걸 기다리는 거예요.

달관 씨   그러니까 넌 돌대가리라는 거야. **오노 쪽에서 보면, '코타로'가 '상대'가 되잖아.** 그렇다면 어느 쪽도 '상대'이므로 영원히 서로 마음을 열지 않은 채 인생 게임은 끝이지.

코타로   어느 쪽도 먼저 말을 꺼내지 못한다는 겁니까?

달관 씨   그러니까 자네는 자기 자신도 '상대'라고 생각하니까 정합성을 갖지 못하잖아.

코타로　내가 나 자신을 '상대'라고 생각하지 않는다구요?

달관 씨　자네는 자신을 '상사'라고 생각하고 있어. 그런데 나베시마 팀장 입장에서 보자면 자네는 '부하'야. 그와 마찬가지로 **타인의 관점에서 보자면 자네는 '상대'가 되잖아.** 따라서 자네는 자기 자신에 대해서도 '상대'라고 생각하고 있는 것이야.

코타로　정말 그러네요. 너무 의미심장해서 이해하기가 어렵지만, 겨우 알아듣긴 했어요. 저는 스스로를 어느 때는 '부하'라 생각하고, 어느 때는 '상대'라고 생각하고 있네요.

달관 씨　그래서 오노도 '상대'이고 코타로도 '상대'라고 생각하는 자네가 '상대라는 존재가 먼저 마음을 열어야 해!'라고 믿는다면 영원히 끝날 수 없는 게임이 되고 말아.

코타로　오옷!! 지당하신 말씀! 어느 쪽도 영원히 움직이지 못하겠어요. 어느 쪽도 '상대'이므로. 대단해!!

달관 씨　그럼 그럼. **'상대가 먼저 움직일 것'이라고 믿는 것은 아무 의미도 없어.** '나라는 존재가 먼저 움직인다'가 아니면.

코타로　이거, 충격적입니다. 알았습니다! 상대에게 먼저 사과하라고 주장하는 싸움은 절대로 화해가 이루어지

누군가에게 『 부하 』

서로 『 상대 』에게 기대하면서
어느 쪽도 영원히 먼저 사과하지 않는다.

지 않죠. 아내보다 '먼저' 내가 사과할 때만 현실은 화해 쪽으로 움직이지요.

달관 씨 당연하지. **세상을 바꾸기 위해서는 먼저 '자신'이 움직일 수밖에 없다. 상대가 먼저 움직이는 일은 없다. 이 세상에서 자네가 움직일 수 있는 말은 '나'뿐이니까.**

코타로 그러네요, 인간을 장기의 말로 생각하면 이해가 쉬워요. 오노도 말이고 나베시마 부장도 말이고, '나'라는 코타로도 말이다.

달관 씨 그럼 그럼. 그런 시점이 중요해. '나'도 고작 하나의 작은 말에 지나지 않아. 특별하지도 않지. '나'는 어느 때는 '부하'이고, 어느 때는 '상대'이며 어느 때는 '인간'이라는 개념으로 바뀌는 장기의 말이란 것.

코타로 그리고 이 장기의 말들(오노, 나베시마, 나) 속에서 내가 움직일 수 있는 건 '나'라는 코타로 말 뿐이란 것. 그래서 **내가 먼저 마음을 열지 않으면 세상은 바뀌지 않는다는 것.**

달관 씨 머리 좋네. 과연 스카우트될 만하구만.
그럼, 용기를 내보면 어떨까?

코타로 오노를 여기로 불러 '먼저' 제 가슴을 열어 보이는 건 좋지만, 애당초 전 숨기는 것도 없어요.

달관 씨 무지 많잖아. **정직하게 말하면 그만이야.** 이러쿵저러

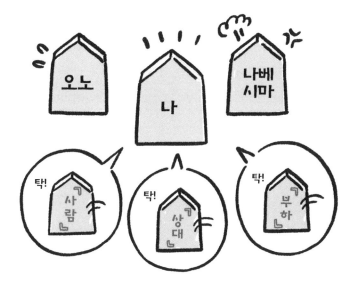

쿵 이론을 잔뜩 늘어놓은 것 같지만, 포인트는 오직
하나. 정직하게 말하면 상대도 마음을 열고 서로를
이해하게 된다는 것. 왜 자네는 오노에게 영업실적을
올리라고 하지?

코타로 오늘 아침 나베시마 부장이 '실적을 올려'라고 닦달
을 했으니까요.

달관 씨 그 봐. 왜 그걸 부하에게 전하지 않아? **왜 상사가 열
을 올리는지 그 이유를 알 좋은 기회 아닌가.**

코타로 부하한테 있는 그대로 전하는 건 상사로서 좀 체면이
안 서잖아요!! 상사가 실적 올리라고 닦달하니까, 부

하를 휘몰아친다는 게 드러나고 말지요.

달관 씨 **들키는 것이 마음을 가볍게 해줘. 온갖 걸 다 끌어안고 있으니 무거워지는 거야.** '속내를 드러낸다'를 우리말로 다시 말하면, '오노에게 솔직하게 말한다'가 되지 않겠어?

코타로 그러니까 아까부터 자꾸 그러는데, 둘 다 우리말이라니까요! 에라, 내친김에 오노를 불러버리지 뭐!

방금 화를 냈던 상사가 갑자기 전화로 부르더니 내밀한 이야기를 하기 시작한다. 뚱한 표정으로 오노가 나에게 던진 말을 난 평생 잊을 수 없다.

오노 팀장님도 정말 힘드시겠어요.

코타로 엉?

오노 저, 팀장님을 그냥 슈퍼맨이라고 생각했거든요. 하나부터 열까지 완벽한 팀장님을 그냥 따라가기가 쉽지 않겠다 생각했거든요. 그렇지만 팀장님에게도 약한 부분이 있다는 것을 알았으니, 저도 힘을 내야 할 것 같아요.

코타로 어째서 내가 약하다는 걸 알면 자네가 힘을 낼 수 있는 거야?

오노　**힘이 되고 싶으니까요.** 아까까지만 해도 이 사람은 도움이 필요 없다고 생각했거든요. 그래서 솔직히 말하자면, 메이커 영업도 적당히 할 생각이었어요. 그렇지만 지금 이야기를 듣고 보니, 팀장님도 도움이 필요하니 내가 힘이 되어야 하겠다는 생각이 들었어요. 그리고 저의 존재가치도 인정받은 듯한 기분이에요. **팀장님, 약해서 정말 고맙습니다.** 저, 반드시 파이트카드게임을 우리 쪽으로 가져오겠습니다. 메이커 영업은 처음이지만 팀장님을 위해 반드시 가져오고야 말겠습니다!

　힘차게 사무실을 나가는 부하직원을 나는 얼이 빠진 채 바라보고 있었다. 나의 속내를 '먼저' 내보인 것만으로 상대의 마음이 이렇게나 열리게 된다는 걸 처음으로 깨달았다.

　'상대'가 마음을 열기를 기다려서는 세상은 바뀌지 않는다. 먼저 '나'가 가슴을 열어젖히지 않는다면 아무런 의미가 없다. 약함을 '먼저' 내보이는 건 두려운 일이긴 하지만, **자신의 약함이 상대를 강하게 한다.** 그리고 강해진 상대와 강해진 그 자신에 의해 팀은 두 배로 강해진다. 단지 솔직히 가슴을 열어젖힌 것만으로.

달관 씨   꾸짖기만 하는 회의를 앞으로 백 번 한들 얻을 수 없었을 거야. 그렇지만 그 친구가 가지고 올 거야. 파이트카드게임을. **적어도 그걸 가져오기 위한 회의는 필요 없게 되었잖아?**

감사하다는 말을 솔직히 건네지 못하고 코타로는 뜨거워지는 눈두덩을 손으로 누르며 버텼다.

코타로   제 덕분에 이 회의실 형광등 수명이 100배 길어졌네요. 그리고 달관 씨의 업무도 줄어들었고요.

달관 씨   곧 죽어도 제 잘난 척만 하는 녀석이군. 그렇지만 자네가 솔직하게 '먼저' 마음을 열었으니까 세상이 바뀌었어. 코타로, 자네 정말 순수하단 말야. 겉으로는 뻣대지만 속은 썩지 않았어. **사회에서 입을 수밖에 없었던 옷을 하나씩 벗어던지고 진정한 마음을 회복하는 거야.** 그리고 나의 '이상'을 '세상의 현실'로 바꾸어주게.

이 세상에서 월급쟁이의 쓸데없는 고뇌를 없애고 싶다네. 온 세상의 월급쟁이가 '그만둔다' '그만두지 않는다'로 다시는 고민하지 않게 해주고 싶어. 정말이야. 자네는 할 수 있어. 직위도 높으니 말이야.

코타로   글쎄요. 어떨까요.

　형광등 교체작업을 끝내고 달관 씨가 스위치를 넣었다.
　확 밝아진 회의실이 마치 조금 전까지 어두웠던 내 마음의
변화를 표현하는 듯했다.

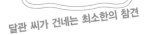

달관 씨가 건네는 최소한의 참견

그저 상대보다
'먼저' 솔직하게
말하는 것뿐.

상대가 먼저 속마음을
열기를 기다리지 말고
자신이 먼저 진심을
이야기해보자.

제 5 화

회사에서 마음을
터놓을 상대가 없을 때

이해관계가 없는 사람을 찾아라

9.6%

'당신이 회사를 그만두고 싶을 때는?'
《@DIME》설문결과

아까까지 신품 형광등이 담겼던 종이박스 안에 역할을 다한 형광등을 집어넣으며 달관 아저씨는 중얼거렸다.

달관 씨 코타로, 이 케이스의 역할은 뭐라고 생각해?

코타로 부서지지 않게 형광등을 감싸는 포장재잖아요. 그게 없으면 매대에서 형광등끼리 부딪쳐 깨지고 말 테죠.

달관 씨 포장재…이기도 하지. 다만, 과자 포장재라면 초콜릿 공장에서 바깥으로 내보내는 역할뿐이지만, 이 포장재는 일방통행이 아냐.

코타로 아, 바꿔 낀 다음에 못 쓰는 형광등을 넣어둔다는 거네요. 새로운 형광등을 가져다주는 역할도 하고 다 쓴 형광등을 내보내는 역할도 하죠.

달관 씨 이 골판지 상자는 어떤 기분일까? '나가서 한껏 빛내고 돌아와'라며 내보내고, '오랜 세월 수고가 많았어, 아름다웠어'라며 형광등을 맞이하지. 집에서 월급쟁이를 기다리는 현모양처 같은 놈이지.

코타로 아….

달관 씨 그렇지만 월급쟁이는 형광등하고는 달리 물건이 아냐. 교환이 안 돼. 전국 5,140만 월급쟁이에게 대체품은 없는 거야. 그런 월급쟁이가 만일 다 닳고 피로에 절어 그 광채를 잃어버린다면 어떻게 될 것 같아?

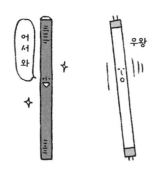

코타로 얼빠져 있으면 대체로 목이 잘리죠. 그렇지만 최근에는 '심리상담실' 같은 게 회사에도 갖추어져 있어요. 여기 미츠이상사에도 아마 있을 걸요.

달관 씨 그딴 건 정부가 지시해서 만든 '전시행정'에 지나지 않아.

코타로 아뇨, 실제로 상담사가 회사에 근무해요. 신입사원용 안내서에도 적혀 있거든요. '상담내용은 비밀입니다. 가벼운 마음으로 상담해주세요'라고.

달관 씨 800명이나 되는 사원 가운데서 작년에 상담한 사람은 고작 6명뿐이야.

코타로 니가타 주민은 다들 정신력이 강한 모양이죠? 아주 찰진 쌀처럼.

달관 씨 온갖 고민을 그냥 끌어안고 있는 거야. 생각해보게. **회사 조직을 찾아가서 회사 내부에서 일어난 고민을 의논하는 멍청이가 어디 있겠어.** 적에게 정보를 주러 가는 거나 다름없지. 그런 멍청이라면 애당초 정신이 올바르지 못하다고 해야겠지.

코타로 하긴 그러네요. '부장이 갑질을 합니다'라고 보고서에 적으면 결국 부장 귀에 들어갈 테지요. 그렇지만 용기를 내서 아까 나처럼 먼저 가슴을 열어젖히는 것이 좋지 않을까요?

달관 씨 먼저 마음을 열고, 그리고 상대도 마음을 여는 것. 약한 자신을 내보이면 서로가 강해진다는 것. 그건 사실이야. 그렇지만 그게 안 되는 사람은 어떡하지?

코타로 용기가 없는 사람 말인가요?

달관 씨 내가 아까 '형광등하고 달라서 대체물이 없다'라고 한 건 5,140만의 개성적인 월급쟁이가 있다는 말이야. 그 가운데 **어느 하나라도 똑같은 성질을 가진 존재가 없으므로 5,140만이나 되는 성격이 있는 셈이지.** 먼저 마음을 열지 않는 사람, 용기가 없는 사람, 한계점까지 참다가 부러져버리는 사람, 아주 다양해.

코타로 빨리 결론부터 말해주세요. 난 의미 없는 말을 가장 싫어해요.

달관 씨 회사 안에서 **이해관계가 없는 상대를 찾으면 돼.** 비판받을 걱정을 하지 않고 툭 말을 던질 수 있는 상대 말이야.

코타로 청소아줌마요?

달관 씨 그것도 좋지. 여기 3층 청소를 담당하는 코다라는 아줌마는 이 회사의 인간관계에서 오는 고민을 가장 잘 아는 사람이야. 다들 코다 씨하고는 아무 거리낌 없이 이야기를 나누니까. '이 사람한테라면 말해도 될 거야'라고 생각하지. 그 외에 회사에서 이해관계가 없는 사람이라면?

코타로 흠, 그러니까, 앗, 달관 씨. 아저씨도 조직과는 이해관계가 없잖아요.

달관 씨 그럼 그럼. 심리 상담이 작년에 여섯 건이었다고 했었지? 떠오르는 것만 해도 난 하루에 세 건이야. 사원들의 불평불만을 들어주는 거지. 약 700건 정도나 되나.

코타로 대단하네요. 아저씨야말로 진짜 심리상담실이네요.

달관 씨 상담실에 앉아 하품만 해대는 심리상담사한테 월급이라도 받고 싶은 정도야.

코타로 호, 혹시 월급 올려달라는 말하려고 나한테 접근한 건가요?

달관 씨 성격 별로구만, 자네. 나라를 위해서야. 월급 같은 건

안 올려줘도 돼. 올려주면 좋긴 하지만.

코타로 어느 쪽이 진짜예요?

달관 씨 오호, 따져 묻는 솜씨도 아주 좋아졌어. 역시 마음을 열었다는 증거야.

코타로 이런 쓸데없는 말 그만 들으려고 일부러 그러는 거거든요?

달관 씨 그 외에도 이 미츠이상사에서 임원차량 운전사, 경비원, 식당 직원 같은 사람들이 바로 이해관계가 없는 존재지.

코타로 의외로 꽤 있네요. 회사 안에서 회사 조직하고 이해관계가 없는 사람이.

달관 씨 잘 찾아보면 있다니까. 코타로, 앞으로 오랜 월급쟁이 생활 가운데서 무슨 일이 있으면 그런 사람들하고 대화를 해봐. 거기에 월급쟁이 마음의 오아시스가 마련돼 있어. **회사 안에 있으면서 회사하고는 이해관계가 없는 사람들 말이야.**

코타로 그렇지만 청소아줌마나 경비원하고 이야기 나누는 건 시간낭비가 아닐까요?

달관 씨 아까부터 쓸데없다느니 시간낭비라느니, 정말 말 많은 놈일세. 딱따구리 참새 같은 놈. 코타로, '헛수고'를 우리말로 하면 어떻게 될 것 같아?

청소 담당 직원   경비원

임원차량 운전자   식당 직원

코타로   아저씨, 바보. 세 번짼데 아직도 그럴 거예요?

'헛수고'는 애당초 우리말 그 자체잖아요.

달관 씨   잘 들어. **'헛수고'의 우리말은 '이해관계가 없는 관계
성'**이란 거야.

코타로   아, 맞아요. 나의 이익과 관련이 없으니 '헛수고'가
되는 거죠.

달관 씨   자네는 헛수고를 하고 싶지 않다고 했지? 그건 말이
야, **회사 안에서는 오로지 이해관계만을 추구하겠다는
것이야.**

잡무 담당하고 대화하는 헛수고보다도 출세하고 관
계있는 상사랑 대화하고 싶다는 거잖아.

부하의 가정 이야기(헛수고)를 듣는 것보다 바깥을 돌면서 실적을 올리고 싶겠지. **자네는 자기와 이해관계가 없는 일을 하는 그 시간을 '헛수고'라 생각하고 멀리하려는 것이야.**

그렇게 해서 이익만을 추구하면 자네 스스로 지쳐버리고 말아. 이 형광등처럼. 이것을 월급쟁이의 모습이라고 한다면 어떻게 돼?

코타로 형광등끼리 부딪치면 부서지고 말 테지요.

달관 씨 그럼 그럼. 이해관계만을 추구하며 탁탁 부딪치는 것보다 회사 안에서 헛수고를 찾아보는 거야. 형광등과 형광등이 부딪치지 않게 해주는 이런 포장재가 있듯이 말여.

코타로 그렇지만 회사 입장에서 보자면 '헛수고'는 줄이는 게 좋잖아요. TOYOTA의 개선활동처럼.

달관 씨 헛수고를 없앤다는 건 헛수고야. **헛수고야말로 회사에서 가장 중요한 재산이 아닌가!**

코타로 헛수고와 불합리를 계속 제거해온 TOYOTA에게 시비를 걸다니요. 정말 웃겨. 결론은 나와 있어요. TOYOTA는 일본에서 가장 많은 이익을 내는 회사라구요.

달관 씨 이익을 많이 낸다고 해서 뭐가 어쨌단 거야? 난 월급

쟁이를 위해 헛수고를 소중히 여기라고 말할 따름이
야. 이익에는 관심없어. **애당초 '이익'이란 '헛말'의 반
대가 아니니까.** 그런 TOYOTA라도 제조 부문의 헛
수고에 대해 잘 알고 있다구.

코타로 옛?

달관 씨 타이어의 기어 부분에 오일이 잘 흘러가도록 쓰잘데
없어 보이는 홈을 팠으니까. 이 '쓸데없어 보이는 홈'
이 없는 외국차로는 달성할 수 없는 연비 향상에 도
움을 주지.

코타로 그렇다면 그 '홈'이 애당초 헛수고가 아니라는 거죠?

달관 씨 마찬가지 아닌가. '헛수고'라 여겨질 뿐, 부하의 가정
이야기도 헛수고가 아니야. '헛수고'라 불릴 뿐, 청소
아줌마와 회사원의 잡담은 헛수고가 아니야. **외국기
업은 잘 느끼지 못할 따름이지만, 헛수고야말로 회사
의 큰 자산이라는 사실을 일본인은 깨닫고 있었던 것
이야.**

코타로 그럼 회사에서 헛수고를 제거해버리면 회사는 점점
나빠지는 건가요?

달관 씨 쇼와(1925~1990)시대 회사와 지금 회사를 비교해보면
알 수 있잖은가. 헛수고가 가득했던 그 시절의 닛케
이 평균주가지수가 얼마였지?

코타로 그건 그냥 거품경제의 영향일 뿐입니다.

달관 씨 헛수고를 없애니까 거품이 터지는 거야. 잘 들어. 만일 회사에서 철저하게 헛수고를 제거한다고 해봐. 주판은 시간낭비니까 전자계산기로 바꾸어. 서류파일은 장소만 차지하니까 스캔해서 전자파일로 만들어. 수작업으로 발송하면 손이 많이 드니까 생산로봇라인을 만들어. 잘 모르겠어? **최종적으로 회사에서 가장 헛수고는 '인간사원'이 되는 거야.**

코타로 회사에서 가장 헛수고가 바로 인간?

달관 씨 말해서 뭐해.

컴퓨터는 계산 실수를 하지 않아.

제조로봇은 이물질을 넣지 않아.

시스템은 판단에 망설임이 없어.

자동배송드론은 잡담을 나누지 않아.

만일 철저하게 헛수고를 줄여버리면 인간이 가장 헛수고가 될 것 아닌가?

코타로 정말 충격적이긴 하지만 분명한 사실인 것 같네요. 냉정하게 생각하면 나도 회사에게는 헛수고일까요?

달관 씨 자네는 이 세상에서 가장 큰 헛수고야.

코타로 …….

달관 씨 어이, 그런다고 기죽지 마.

그러므로 '헛수고'란 것이 얼마나 소중한가를 말하는
거 아닌가.

코타로 사람을 기죽게 만들어 놓고서는.

달관 씨 코타로, 인간은 로봇에 비하면 온통 허점투성이야.
그것이 인간의 좋은 점이 아닐까?
로봇이 할 수 없는 '잡담'은 헛수고일까? 프로그램에
안 들어간 '인정미 넘치는 만남'은 헛수고일까? **'헛수
고'야말로 인간의 가장 큰 기능이 아닌가.** 자, 코타로.
헛수고를 우리말로 번역하면 어떻게 돼?

코타로 이해관계가 없는 것.

달관 씨 바로 그거야. 그러므로 인간의 멋들어진 기능을 발
휘하기 위해서라도 **회사에서 이해관계가 없는 인간
을 찾아봐.** 월급쟁이는 회사에 있는 동안 줄곧 무의
식적으로 이해관계만을 추구하며 움직이니까 말야.
상사와 이야기를 할 때는 평가를,
부하에게 지시할 때는 효율적으로 움직이는 방법을,
동료와 이야기할 때는 어떻게 하면 이 놈을 이길 수
있을까를.
그런 것들 모두 로봇이 할 수 있는 일이야. '보다 효
율적으로'는 그냥 로봇에게 맡겨버리면 돼. **더 따뜻
하게, 더 복잡하게, 더 허술하게 움직일 수 있느냐 없**

느냐가 인간의 전부야.

달관 아저씨가 돌아간 다음 코타로는 건물 바깥의 흡연구역에서 담배를 피우고 있었다. 성과주의를 신봉하는 그였지만 곰곰 생각해보니 이 담배도 정말 쓰잘데없는 행위가 아닌가. 시간을 빼앗고 건강을 해치고 냄새 때문에 영업상대에게 나쁜 인상을 심어주고 만다.

그렇지만 이 쓸데없는 시간이 여태 자신을 얼마나 구원해주었는지 헤아리기도 힘들다. 담배를 피우지 않았더라면 별이 가득한 하늘을 올려다 볼 수 있었을까. 흡연구역에 오지 않았더라면 평소에 보기 힘든 다른 부서 사람하고 이야기도 나누지 못했을 것이다. 담배가 건물 바깥으로 '나'를 데리고 나가지 않았더라면, 가족을 떠올리며 생각할 시간이나 가져보았을까?

이익 외의 소중한 뭔가에 대해 어렴풋이나마 느끼기 시작한 코타로는 하얀 연기를 훗- 뿜어내고 재떨이에 담긴 물에 담배를 던져 넣었다.

꽁초는 조금 불을 남긴 채 물 위에서 버텨내고 있었다. 아마 이 회사에서도 있는 힘을 다해 남은 불을 태우는 사원이 있을 것이다. 효율화라는 명목 아래 내쫓김을 당하더라도.

'헛수고'야말로
인간의 가장 중요한
능력이 아닐까?

**회사에서 이해관계가 없는 사람을 찾아
쓸데없는 잡담을 나누어보자.**

제 6 화

회식 자리에 진저리가 날 때

아무도 몰랐던 회식의 목적

9.1%

'당신이 회사를 그만두고 싶을 때는?'
《@DIME》 설문결과

월요일부터 시작되는 월급쟁이 생활은 금요일에 일단락된다. 니가타에서 새로운 생활도 오늘 맞이하는 금요일에 일단 한 단락이 지어진다. 그렇고 그런 형식적인 행사일 텐데, 술집에서 환영회가 예정되어 있다.

미츠이상사 영업1팀과 영업2팀이 합동으로 여는 회식이다. 술자리를 좋아하는 나는 이 기회에 부하들과 흉금을 털어놓으리라 생각했다.

오노　　그럼 이것으로 환영인사는 마무리하고, 자기소개로
　　　　　들어가겠습니다.

전형적인 월급쟁이 타입 오노는 입사 5년차. 윗사람에게는 수그리고 후배에게 엄격한 태도가 어딘지 모르게 나랑 닮았다.

오노　　그럼 아카무라 씨부터!

영업1팀의 유일한 여성사원 아카무라는 3년차 막내. 막내 위

치를 의식해서인지 늘 있는 힘을 다해 '명랑한 무드 메이커' 역할을 하고 있었다.

아카무라 넵. 아, 요시미야 팀장님. 우리 영업부에 잘 오셨습니다. 아직 신입사원 기분에서 벗어나지 못했는데요, 부디 잘….

가야마 자! 다음 타자!

이미 취해버린 주임 가야마는 8년차. 후배들이 겁내는 체육계 출신 군기반장이다.

오야 좋아요. 그럼 1팀 다섯 명 환영 인사의 마지막은 기우치 주임님, 부탁드립니다.

주임 기우치는 성실함을 옷처럼 걸치고 다니는 얌전한 타입. 공부 말고는 아무것도 모르고 살았을 것이다. 조용하고 얌전한 성격.

기우치 음…, 오늘은 사다미츠 씨가 가정 사정으로 나오지 못해서 한 사람이 부족한 상황이지만, 우리 팀 모두가 한마음으로 환영합니다.

가야마와 입사 동기 8년차 사다미츠는 가정 사정을 이유로 환영회에 참가하지 않았다. 나는 거기에 조금 화가 치밀었다.

오노 이어서 새로운 동료가 되신 두 분. 나베시마 부장님과 요시미야 영업1팀 팀장님에게 꽃다발 증정이 있겠습니다.

이것도 관례일 것이다. 꽃다발을 받은 다음 '잠깐의 환담'에 들어갔다. 그러자 옆에 있던 2팀 츠카야마 팀장이 술잔을 들고 다가왔다.

츠카야마 술 좀 드시나? 요시미야 팀장님. 앞으로 잘 좀 부탁드려요.

코타로 츠카야마(津嘉山) 팀장님은 오키나와 출신이시라고요. 참 희귀한 성인 것 같습니다. 그런데 오늘 2팀 사람들은 다 오지 않은 것 같네요. 야근이라도 있나요?

츠카야마 아니, 다들 가정이 있으니까. 영업2팀에서 나뿐이지, 독신은.

코타로 가정 때문에 안 온다는 겁니까?

츠카야마 그럼. 뭐니 뭐니 해도 와이프가 최고니까. 그렇지만 오늘의 주인공 요시미야 팀장한테는 좀 실례가 되겠군. 다음에 회사에서 소개하지.

승진이 늦은 사람일 것이다. 나보다 15년 위인데도 같은 과장 직급이다. 그러나 난 1팀이니까 직제 상으로 보아 내가 윗줄이다. 도쿄였다면 츠카야마 팀장은 나한테 경어를 사용해야 할 입장이다.

코타로   우리 팀 사다미츠도 가정 사정으로 오지 못한 것 같아 죄송합니다.

츠카야마 왜 나한테 사과하고 그래?

코타로   우리 팀 직원이 회식에 빠져서요.

츠카야마 요시미야 팀장님, 이런 회식이란 게 뭣 때문에 있다고 생각하시나?

코타로   **사원들끼리 친목을 도모하기 위해서죠.** '회식 소통'이란 말이 있잖습니까. 그렇지만 요즘 젊은 애들은 억지로 회식 자리에 끌고 가면 '직장 내 괴롭힘'이라고 반발해요. 회식 자리가 얼마나 중요한지를 몰라요.

츠카야마 글쎄. 사실 회사 동료들도 진심으로 만난다면 좋을 텐데. '먼저' 가슴을 열고 나가면 서로를 잘 이해할 수 있을 텐데 말이야.

코타로   어디서 들어 본 듯한….

츠카야마 요시미야 씨. 무엇보다 회식에 참가하는 건 의무가 아니야. **그래도 같은 부서니까 친해지고는 싶고 말야.** 그래서 난 말이지, 한 달에 한 번 '보신모임'이라는 이름으로 부하들과 점심 자리를 만들어. 열심히 일해 준 보답을 겸해서 부원들에게 스테이크를 대접하지. 저녁 회식의 경우는 가끔 가정 사정이 있는데도 불구하고 '무리해서' 참가하는 사람도 있어. 그렇지만 점심 회식은 회사 근무시간 범위에 드니까 아무한테도 피해를 주지 않는다구.

오노 츠카야마 팀장님이 데리고 간 스테이크 가게, 정말 맛있었지요.

코타로 아, 오노 씨는 작년까지 영업2팀에서 츠카야마 씨와 같이 일했었지.

가야마 팀장님, 그 2팀 사람들 한 달에 한 번 몸보신 타임에는 두 시간이나 밥을 먹어요! 전 연락 당번을 맡았는데 정말 힘들었어요.

츠카야마 가야마, 늘 고마워. 얼마나 도움이 되었는지 몰라.

나베시마 부장 옆자리에 앉아 앞으로의 전략에 대해 이야기를 나누던 나는 그 자리에서 빨리 벗어나고 싶었지만 츠카야마 팀장의 다음 발언이 마음에 걸려 움직일 수 없었다.

츠카야마 회식의 목적은 사람들과 좋은 관계를 맺기 위해서가 아니지.

코타로 예? 그건 지금까지 내가 배운 월급쟁이 철학하고는 다른데요. 젊은 사람이 그런 말을 한다면 또 몰라도. 츠카야마 팀장님도 억지로 회식에 끌려 나가는 그런 시대를 살았던가요?

츠카야마 선배들한테 얼마나 질질 끌려다녔는지 몰라. 그게 싫었으니까 난 후배에게는 강요하고 싶지 않아. 회식의 목적은 상대와 좋은 관계를 만드는 것이 아니야. **사이가 좋아진 상대와 마시고 싶어서 가는 게 바로 회식이라니까.**

코타로 회식을 통해서 사이가 좋아지는 것이 아니라, 회식하기 전에 사이가 좋아져야 한다는 건가요?

츠카야마 내가 태어나서 자란 오키나와에서는 말이야, 건배라는 말을 '카리(嘉利)!'라고 해. '경사롭다'는 뜻이지. 같이 있다는 게 너무 즐거우니까 밤마다 모이는 거야. 시간을 잊어버릴 정도로 너무 사랑하는 사이니까 술잔을 나누는 거지. **좋아하지도 않는 상대와 마시는 것은 서로에게 불행이야.**

코타로 그렇지만 술의 힘을 빌리지 않으면 속내를 드러내지 못하는 일도 있어요.

츠카야마 그런 관계에 무슨 의미가 있을까. 직장에서는 속내를 드러내지 않고 밤이 되어서야 속내를 말한다는 거야? 다시 다음 날 아침에는 갑옷을 입고? 같이 일하는 낮 시간에? **사실은 그때 속내를 다 드러내야 하는데 말이야.** 요시미야 씨 말 대로라면 늘 직장에서 술에 취해 있어야 하잖아.

코타로 그, 그야 그렇겠지만….

궁해진 나는 달관 씨 말을 떠올렸다. 의미만을 쫓으며 효율만 추구해서는 안 되는 풍습도 있는 법이다.

코타로 회식이란 게 의미 없는 행사일지는 모르겠지만 쓸데없는 일 가운데에도 소중한 것이 많다고 생각해요.

츠카야마 '쓸데없는 일'과 '무리한 일'은 달라. **자신의 이익과 관계없는 것을 '쓸데없는 일'이라 하고, 자신의 이익에 상대를 끌어들이는 것을 '무리'라고 해.** 오늘 회식에 오지 않은 사다미츠 씨, 퇴근할 때 풀이 죽어 있더라구. 요시미야 씨, 무슨 말을 했었을 텐데?

코타로 왜 오늘 같이 안 가느냐고, 위압적으로 들리지 않도록 상냥하게 물었어요. 옛날 직장 선배처럼 억지로 '무조건 와!'라고는 안 했어요.

츠카야마 아, 그랬구나. 그래서 그랬구만…. 요시미야 씨, 올 수 없는 상대에게 "왜 안 와?"라고 물을 필요가 있을까? 올 수 없으니까 안 오는 건데, 이유를 물어봐야 결국 못 오는 건 변함이 없잖아.

코타로 그, 그렇지만….

츠카야마 말이란 놈은 참 무서워. "왜 안 와?"라는 말이 밤새 사다미츠의 뇌리를 떠나지 않았을 게야. 집에 돌아가서도 가족 앞에서 웃지도 못하고 다음 날 직장에 와서도 께름칙한 기분을 지우지 못할 테지.

코타로 무슨 말을 하고 싶은 겁니까?

츠카야마 아, 기분 상했다면 미안해. 그런 의도는 아니었어. 다만, 우리 같은 윗사람이 **회식에 참가하지 못한 부하들의 마음까지 어루만지지 않으면 안 되는 그런 시대**일지도 모른다는 거야.

코타로 거절한 그 마음까지 배려하고 어루만져야 한다는 생각은 안 든다구요.

츠카야마 **회식을 거절하는 데에도 아주 많은 노력이 필요하지.** 경험해봤을 테니까 알잖아? 변명을 하고 께름칙한 기분으로 머리를 조아리고. 바로 그런 이유 때문에 그래야 한다는 거야. 거절한 것을 마음에 두지 않도록 윗사람으로서 실력을 발휘해야지. 물론 나도 잘

못 하는 일이긴 하지만, 오늘 사다미츠 씨를 보고 배
웠어. 요시미야 씨, 고마워.

코타로 허 참. 젊은이들이 나약해서 참 힘든 시대라니까요.

츠카야마 **강하다고 생각하는 사람이 오히려 더 약할 수도 있어.**
아무튼, 술기운을 빌리지 않더라도 속내를 드러낼 수
있는 관계를 만들도록 해야 해. 그리고 술에 취했을
때도 속내를 그냥 드러내도록 하자구. 벗어던져버리
면 다들 같은 마음이니까!

다시 한번 츠카야마 팀장이 어디선가 들어본 그런 말을 했을
때, 나는 반대편에서 다가온 가야마의 술잔에 대응하지 않을
수 없었다. 할 수 없이 가야마 쪽으로 시선을 돌리긴 했지만 내
귀는 아카무라 씨와 이야기를 시작한 츠카야마 팀장 쪽을 향해
있었다.

아카무라 츠카야마 팀장님이 우리 팀에 계시면 좋겠어요~.

난 마음이 편하지 않았다. 부임한 지 일주일이라고는 하지만
분명 아카무라의 상사는 나인데 옆에 앉은 다른 과장을 떠받들
다니. 그것도 나를 배려하여 목소리를 낮추어 하는 말이 아니
었다. 아마도 본심일 것이다. 역시 술이란 놈의 힘은 무섭다.

아카무라 윗사람이 억지로 술자리에 끌고 가지 않는 2팀은 괜찮겠지만, 그렇지 않은 상사를 모시는 사람들은 어떻게 하죠?

츠카야마 거절을 못 할 테니까 아카무라는 정말 힘들 거야. 게다가 여자라고는 혼자니까 더욱더.

아카무라 정말 그래요. 술자리에 가면 주문도 해야 하고 술잔이 비었는지 살펴야 되고 음식 시키는 것까지 1초도 쉴 틈이 없다구요.

츠카야마 그딴 건 마음에 두지 말고 그냥 즐기면 돼. 아카무라는 가만있기만 해도 멋진 꽃 한 송이잖아.

아카무라 그래서 신입사원이었을 때 지금부터 야자타임이라고 하기에 마음을 푹 놔버렸더랬어요. 술잔이 비건 말건. 그랬더니 다음 날 윗사람이 구시렁구시렁 정말 괴로웠어요.

츠카야마 회사 근무할 때도 늘 야자타임이면 정말 좋을 텐데 말이야. **밤에만 속내를 드러내니까 문제가 생기는 거야.** 음식을 골고루 나누어주는 것도 힘든 일이야. 그런데 말이지, 오키나와 아저씨들은 '다아, 젊은 것들부터 먹어' 하고 권해.

아카무라 그 '다아'는 무슨 뜻이에요? 어감이 귀여워요.

츠카야마 '자, 어서' 정도의 뜻이야. 번역하기 힘들어. 일본어라면 일본어로 번역할 수 있을 테지만.

아카무라 그거 그냥 일본어잖아요, 호호. 저, 다음부터 회식은 안 나올까봐요.

츠카야마 그건 좀 섭섭하지. 술자리 가자고 부르면 그냥 웃으면서 가도록 해. 그 윗사람도 귀한 돈 쓰느라고 얼마나 고생이 많겠어.

생각지도 않은 방향으로 흘러가는 이야기에 나는 살짝 몸을 앞으로 기울였다. 옆자리 가야마가 너무 치근대는 바람에 잘 들리지 않아서였다.

츠카야마 분명 요시미야 씨는 옛날식 월급쟁이니까 앞으로도 아카무라를 술자리에 부를 거야. 그렇지만 그건 요시미야 나름의 애정표현이라고 보면 돼. 열심히 노력하는 거지. 그러니까 **부하건 상사건 서로 한 걸음씩 다가서도록 해야 해. 서로의 가치관이 부딪치면서 상대의 카드를 빼앗아가는 장소가 바로 회사라는 곳이니까. 애당초 어느 쪽이 옳다는 것도 없어.**

아카무라 물론 귀한 돈 들이면서 자기 시간을 쪼개 가며 부하들과 어울리려 하는 거니까 어떻게 보면 고마운 일이긴 해요.

츠카야마 그럼 그럼. 서로 불만을 말하지 말고 뭐든 감사하는 마음으로 사는 게 편하지. 다아, 아카무라. 제각기 자신이 놓인 상황에서 '가장 고마운 것을 찾는 게임'을 생각해보자구.

아카무라 무슨 게임인데요?

츠카야마 어떤 상황에서도 어떤 장소에서도 괴로울 때 말이야. '여기서 가장 고마운 건 뭐지?' 하고 자신에게 물어보는 것.

아카무라 그럼 그 귀여운 사투리 '다아'를 앞에 갖다 붙이고 말해도 되겠어요?

츠카야마 오호, 아카무라는 정말 센스가 있다니까. 인생이란 즐거워하는 사람이 이기는 거야. 정말 성격 좋네. 그럼, 해보자구. '다아, 여기서 가장 고마운 것은 뭐지?'

아카무라 츠카야마 팀장님 이야기를 듣는 게 가장 고마운 일이에요.

츠카야마 다아, 그것 말고 또 고마운 것은?

아카무라 회식 자리가 집에서 가까워서 택시비가 싸게 드는 거요!

츠카야마 다아, 여기서 가장 고마운 것은 뭐지?

아카무라 술은 싫지만, 여기 음식 맛은 최고!

츠카야마 이런 식으로 눈앞의 상황에서 '가장 고마운 것'을 찾으면, 나를 즐겁게 해주는 게 주변의 상황이 아니라 그것을 바라보는 '나'쪽이라는 사실을 알게 되지.

아카무라 그렇코만! 자신에게 좋은 풍경을 눈앞에서 찾아내는 것!

츠카야마 그렇지 그렇지. 근데 아카무라, 옛날 내 상사였던 분이 말했더랬어. '회식 자리가 싫을 때는 맛있는 음식을 즐겨'라고. 다들 생각하는 게 똑같은 모양이야. 즐거운 일이야.

아카무라 맞아요! 저는 음식만 맛있으면 다른 건 눈에 들어오지도 않고 아무래도 좋으니까 말이에요.

완전히 부하들의 관심에서 벗어나버린 나는 그 후 완전 취해버렸다. 마지막으로 기억에 남은 것이라고는 억지로 택시 뒷좌석으로 밀어넣는 가야마의 굵직한 팔뚝 감촉뿐이었다. 자존감 높은 상사가 부하에게 개똥 취급 당하면서도 웃으면서 택시를 타는 것은 일본 월급쟁이의 전통행사이다. 가면을 완전히 벗어던지는 상태는 밤 10시까지가 아니라 새벽 2시에 완성하는 것이라고 나는 아카무라에게 가르쳐주고 싶었다.

상사와 부하, 아내와 남편, 누구하고 누구. 다른 가치관이 서로 이해하고 알려면 어중간하게 간섭하다가 그만두지 말고 마지막까지 속내를 드러내고 부딪칠 각오를 해야 할지도 모른다.

그러기 위해서는 술의 힘이 필요하지 않을까. 하긴 요즘 젊은 것들은 밤 11시면 가버리니까 진짜배기 엉망진창을 겪어보지도 못하고 정년퇴직을 맞이할지도 모르겠지만….

행복은 누가 결재해주나요?

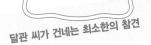

나를 즐겁게
해주는 것이
풍경이 아니라
그것을 바라보는
'나' 쪽이라는 사실.

넌더리 나는 회식일지는 모르지만 음식은 맛있다.
그 장소에서 좋은 점을 가려내보자.

제 7 화

실적이 좋은 동료와 비교당할 때

사장의 마인드, 직원의 마인드

5.4%

'당신이 회사를 그만두고 싶을 때는?'
《@DIME》설문결과

다들 니가타하면 '쌀'을 떠올리듯 미츠이상사의 시작은 쌀을 짓이겨 구운 쌀과자였다.

창업자 미츠이 코자부로는 니가타의 향토사료에도 나올 만큼 대단한 인물로서 특수한 쌀과자를 만들어 일가를 이루었다. 거기서 얻은 자본으로 2대가 도매업에 진출하였고, 3대 현 사장에 이르러서는 제조부문보다 도매업 쪽이 주력이 되었다.

쌀로 유명한 니가타라서 그런지 사케도 정말 맛있었다. 환영회 다음 날 나는 심한 숙취로 고생했다. 그날은 토요일이었지만, 다음 날 슈퍼마켓 전시 판촉회 준비를 위해 영업1팀 전원이 출근했다.

가야마 팀장님, 어제는 2차, 3차까지 잘 마셨습니다. 헤어질 때 기억나세요?

코타로 물론이지. 난 자네들처럼 필름 끊길 때까지는 마시지 않으니까.

택시 안으로 밀어 넣는 가야마의 얼굴 말고는 아무 기억도 없었지만 상사의 위엄을 지키고 싶었다.

가야마 우와, 대단하네요. 그런 상태에서 기억이 있다니. 3차 언니 집 말이에요. 꽝이었잖아요. 오노는 2차에서 뻗어버렸고 말이죠.

가야마 건너편에는 같은 해 입사한 동기 사다미츠. 어제 참석하지 않은 사다미츠를 표적 삼아 직원들이 다 들을 수 있을 만큼 큰 소리로 떠들어대는 가야마 앞에서 사다미츠는 고개를 수그리고 있다. 평소였다면 알아차리지 못했을 테지만 미세한 표정의 변화를 읽을 수 있었다. 어제 츠카야마 팀장 이야기가 마음에 걸려 회의실로 그를 불러들였다.

코타로 사다미츠, 부인은 좀 괜찮으셔?

사다미츠 아, 예. 어제는 참석하지 못해 죄송합니다.

코타로 사정이 있었으니 어쩔 수 없지 뭐. 다음에 사정이 좋을 때 같이 가자구.

사다미츠가 자리로 돌아가자 바로 가야마가 다가가 말을 걸었다.

가야마   자네, 팀장이 뭐라고 하던가. 새로운 안건?

사다미츠 별 이야기도 아니야.

가야마   새로운 안건이라면 빨리 팀장한테 말을 해줘야잖아. '자료 작성을 잘 못합니다'라고. 도쿄에서 여기까지 왔는데, 워드프로세스 문서도 못 만드는 사원이 있다니, 얼마나 화가 나겠어.

친절하게도 내 자리까지 다 들리는 목소리였지만, 솔직히 말해 난 부하에 대해 그리 관심도 없다. 다만, 부하에 대한 능력평가는 팀장의 중요한 업무이므로 부하에 대해 적확한 능력평가를 하지 않으면 안 된다. 그건 회사가 나를 평가하는 문제와도 관련된다. 그날은 회의실에서 주임으로부터 과원들에 대한 1차 평가보고를 받고, 가야마에 대해 물어보았다.

코타로   오늘 아침 분위기를 보니 가야마가 사다미츠에게 이상하리만치 심술을 부리는 것 같았는데, 동기이면서 그렇게 사이가 나빠?

기우치   사다미츠는 가정 사정으로 자주 회사를 쉬거든요. 그래서 고과점수가 아주 낮아서 동기생보다 승진도 늦습니다. 가야마는 주임인데 사다미츠는 아직 부주임입니다.

코타로 그런데 가야마는 왜 일부러 그렇게 시비를 걸어? 문서도 못 만들어, 회사도 자주 쉬어, 자기보다 승진도 늦은 동기라면 그냥 내버려둬도 좋을 텐데 말이야.

기우치 이걸 한번 보세요. 두 사람의 영업실적입니다. 가야마보다 사다미츠가 더 좋아요. 가야마는 문서작성능력도 근무상황도 승진도 윗줄인데, 사다미츠에게 늘 영업실적에서 지고 있어요. 컴퓨터는 잘 못하지만 그 사람한테는 묘하게 인간미가 있거든요. 거래업체 사이에서는 '사다미츠 스마일'이라는 별명도 생겼어요. 그래서 관계가 끊이지 않아요.

코타로 흠, 그렇구만. 영업실적에서 지니까 가야마가 저런 태도를 보이는 거였어. 나도 지난번 회사에서 동기생한테 딱 한 번 진 적이 있었는데, 아주 기분이 묘했어. 그 기분 알 것도 같아.

영업직이란 정말로 잔혹한 세상이다. 숫자가 선명하게 드러난다. '사람에게는 사람 수만큼 좋은 점이 있다'(일본의 현대가극 〈한나의 플로리스트〉에 나오는 노래 - 옮긴이)라는 노랫말이 티끌만큼도 설득력이 없을 만큼 그래프에는 단차가 선명하게 나타난다.

기우치 이상으로 팀원들의 평가보고를 끝마치겠습니다. 다음은 팀장님이 최종 평가를 내려주시기 바랍니다.

주임이 팀원들의 능력을 평가한 1차 평가서에 팀장이 최종 평가를 적어 인사부에 제출하는 서류였다. 막 부임한 나는 주임이 평가한 그대로 인사부에 제출하리라 마음먹고 있었기에 회의실을 나와 데스크에 평가서를 툭 던져놓고는 그길로 담배를 피우러 바깥으로 나왔다.

달관 씨   오우, 2주 연속으로 토요일 출근이라니 정말 대단하시구만.

코타로   어라, 달관 씨는 또 무슨 일로?

달관 씨   지난번에 말한 대로 설비보수는 직원들이 출근 안 하는 날 해야 편해. 이렇게 넓은 회사에서 나 혼자라 좀 쓸쓸하긴 하지만.

코타로   아무도 없다는 게 의외로 편할지도 몰라요. **다른 사람한테 비교당할 일도 없고 혼자서 마음 내키는 대로 일을 할 수 있다니,** 정말 부럽네요.

달관 씨   혹시 츠카야마랑 비교당했어?

코타로   아! 그거 잊어버렸네요. 그랬어요, 어제 환영회에서 츠카야마 팀장이랑 이야기를 나누는데 달관 씨와 비슷한 말만 하던데요.

달관 씨 그 친구 입사할 적부터 내가 있었으니까. 자동차 취미도 맞고 해서 어릴 적부터 창고에서 자주 같이 놀았더랬지.

코타로 어릴 적?

달관 씨 아, 신입사원 때를 '어릴 적'이라고 해, 이 동네에서는. 츠카야마라면 자네랑 경쟁해서 도저히 이길 수 없으니 애당초 마음에 두지 말어. 격이 달라.

코타로 실례지만, 직위는 내가 더 위라니까요.

달관 씨 그래서 뭐 어쨌다고?

코타로 사회적으로 인정받고 있다는 말입니다.

달관 씨 불쌍한 녀석이구만. **그렇다면 사회를 졸업하자마자 자네는 아무 인정도 받지 못할 거야.**

코타로 엣?

달관 씨 막말로 자리만 차지하는 거잖아? '권력상실 증후군'이라고나 할까. 퇴직 후에 상사는 계속 회사에 오고 싶어 하지. 옛날처럼 존경받고 싶은 거야. 그렇지만 퇴직한 상사에 대해 처음에는 신경을 쓰던 부하도 어느새 그를 귀찮은 존재로 취급하는 거야. **'그 사람'에게 고개를 숙인 게 아니야. '직책'에 고개를 숙인 것뿐이니까.**

코타로 아, 지난번 회사에서도 그런 사람이 있었습니다. 말년 직원들은 늘 회사 자리로 돌아오고 싶어 해요. 바빠 죽겠는데 사무실로 스윽 들어오곤 하지요. 그렇지만 시간이 좀 지나면 아무도 상대해주지 않으니까 그 충격으로 한꺼번에 팍 늙어버리지요.

달관 씨 덧붙여서 모든 사람이 츠카야마를 이름으로 부른다는 거 알아?

코타로 아, 그러더라구요. 다들 '팀장'이 아니라 '츠카야마 씨'라고 불렀어요.

달관 씨 본인이 직책으로 불리는 것 자체를 싫어해.

코타로 왜요?

달관 씨 만년 과장이던 사람이 어느 날 갑자기 승진하는 바람에 당황했던 적 없어?

코타로 이, 있습니다. 줄곧 부장이었던 사람이 전무로 승진했을 때 몇 번이나 '부장'이라고 부르고 말았어요. 화를 내던데요.

달관 씨 **그 사람의 무엇을 보고 있었느냐는 문제라는 거지.**
직책을 보는 사람은 '직책'이 좋을 뿐이야.
성적을 보는 사람은 '성적'이 좋을 뿐이야.
성격을 보는 사람은 '성격'이 좋을 뿐이야.
회사를 그만두어도 남는 건 아마도 '성격'뿐일 거야.

코타로 그건 알겠는데 달관 씨 이야기에는 '이상론'이 너무 많아요. 영업직에게는 뭐니 뭐니 해도 실적이 최고예요. **어떻게 하면 라이벌보다 더 실적을 올릴 것인가.** 성격 같은 건 아무래도 좋은 겁니다.

달관 씨 이래도 한 세상, 저래도 한 세상. 뭐, 그건 그것대로 좋긴 해. 다만, 비교 대상을 착각하고 있어. 라이벌이라니, 누군데?

코타로 입사동기생이지요. 예를 들면 가야마와 사다미츠.

달관 씨 **동기가 실적이 좋으면 진심으로 기뻐해야 하잖아!**

코타로 월급쟁이 세상을 모르고 하는 말이에요, 그건. 실적이 좋은 동기생의 존재는 어김없이 부담스럽다구요. 비교대상이 되기도 하고 '출세' 레이스의 경쟁자이기도 하니까요.

달관 씨 창업자 가문 말고 사장이 되는 사람의 공통점이 뭔지 알아?

코타로 아뇨, 모르죠.

달관 씨 **사장이 되는 월급쟁이의 공통점은 '뛰어난 동료가 있다는 것'이야.**

코타로 동료'가' 우수하다는 것? 동료'보다' 우수하다는 걸 잘못 말한 거 아닙니까?

달관 씨 '애플에는 스티브가 둘이나 있다'라는 말 들어본 적 있지?

코타로 스티브 잡스밖에 몰라요.

달관 씨 스티브 워즈니악. 잡스의 동료야. 뛰어난 동료가 있으니까 잡스가 사장이 됐지. '동료보다 앞서고 말 거야'라고 생각하는 사람은 애당초 사장이 될 자질이 없다고 봐야 해.

코타로 왜요?

달관 씨 처음부터 사장의 관점을 가지고 있으니 뛰어난 동료가 너무 좋아서 견딜 수 없는 거지. **왜냐하면 그 동료가 나중에 부하가 되어 자신을 도와줄 테니까.** 동료를 라이벌로 생각하는 사람과는 입사 시점에서부터 생각이 다른 거지.

코타로 정말 눈이 번쩍 뜨이네요. 저는 오랫동안 턱도 없는 사람을 '라이벌'이라고 착각한 건지도 몰라요. 그랬어. 그게 사장의 눈높이였어.

달관 씨 그런 관점을 가진 사람이라면 회사에 자기보다 뛰어난 동료가 있는 걸 알면 진심으로 기뻐할 거야.

코타로 그러고 보니 유치원 다니던 때가 생각나네요. 같이 야구를 시작했던 이웃집 친구 겐짱. 그때까지만 해도 얼마나 친했는지 몰라요. 그런데 겐짱이 저보다 공을 점점 더 빨리 던지는 겁니다. 저는 지기 싫어서 매일 벽에 공을 던지며 연습을 했지만 도저히 겐짱을 이길 수 없었어요.

달관 씨 그래서?

코타로 마음속에 인생에서 처음으로 '라이벌 의식'이란 게 생겼어요. 겐짱이 싫어진 거죠. 같이 놀지 않은 지 몇 년이 지나서 중학교 야구부에서 겐짱을 다시 만나게 됐거든요. 그 친구는 투수, 저는 포수로. 겐짱의 공은 더 빨라져서 우리 중학교가 도쿄 남부지구 선수권에서 우승을 했어요. 지금 달관 씨 이야기를 듣기 전까지만 해도 유치원 때 그 감정을 잊어버리고 있었어요. 그날의 저는 공이 점점 빨라지는 겐짱을 질투했던 겁니다. 그렇지만 지금 생각해보면 **겐짱의 공이 빨라지는 것 자체가 나한테는 축복 같은 거였어요.**

달관 씨 **모든 것은 하나, 지금도 하나.** 내가 좋아하는 '선 오 브 어 록(Sun of a Rock)'이라는 밴드의 노래야. 기억해 두면 좋을 거야.

코타로 모든 것은 하나? 지금도 하나?

달관 씨 엄지는 약지와 경쟁할 필요가 없어. '손'에서 하나이 니까. 오른손은 왼손과 다툴 필요가 없어. '몸'에서 하나이니까. 상사는 부하와 다툴 필요가 없어. '회사' 에서 하나이니까. **'나'는 '누군가'와 다툴 필요가 없어. '세상'에서 하나이니까.**

코타로   '모든 것은 하나, 지금도 하나'라고…?

당시 이해력이 부족했던 나는 그 말을 그다지 잘 알아듣지 못했지만, '회사에서 하나'라는 것만 알아듣고서 담배를 끄고 사무실로 돌아왔다.

코타로   가아먀, 잠시 회의실로.

가야마   무슨 일이십니까?

코타로   동기가 무서워?

가야마   무섭긴요. 사다미츠 말입니까? 그 녀석, 컴퓨터도 서
          투르고 사람을 잘 사귀지도 못해요. 야근도 저만큼

하지도 않구요.

코타로 무서워하는구만. 자신의 나약한 부분을 감추고 싶으
니까 자꾸 싸우려는 거야. 들키는 게 무서우니까 떨
면서 주먹을 쥐는 거지. 어이, 가야마. 그 손을 펴는
게 어때?

가야마 주먹을 펴요?

코타로 자네는 실적을 올려서 언젠가는 사장 자리에 올라가
고 싶지 않나?

가야마 될 수만 있다면 되고 싶지요.

코타로 그럼 오늘부터 사장의 관점으로 주위를 둘러보도록
해. 지금, 스스로를 완전히 사장이라고 생각해봐.

가야마 지금, 제가 사장이라고 생각하라고요?

코타로 그렇지. 자, 가야마 사장. 자네 회사 영업1팀에 뛰어
난 부하가 있는 것 같아. 좋지 않아?

가야마 좋지요. 능력 있는 사원이 있다면 마음이 든든해요!

코타로 그 1팀에서 우수한 사원 이름은 사다미츠고.

가야마 읍….

가야마는 그날 이후로 사다미츠를 라이벌로 보지 않았다.

한편 나는 앞으로 미츠이상사에서 근무할 동안 몇 번이나 주
변 사람들에게 영업2팀 츠카야마 팀장과 비교당했다. 영업실

적에서는 우리 1팀이 뛰어났지만 아무래도 사람들은 거기에는 아무 관심도 없는 듯했다. 다만, 어떤 프로젝트가 성공하면 영업부장 자리가 보장되어 있었던 나에게는 미래의 부하라 할 츠카야마 팀장이 아무리 능력이 뛰어나다는 칭찬을 받는다 해도 질투심이 일어나지 않았다. **이전이라면 '라이벌'이라 불렸음직한 존재에 대해 이미 '두려움'이 아니라 '든든함'을 느끼고 있었기 때문이다.**

코타로   좋아, 오늘은 이만 해산. 내일 전시 판매회에서 힘들 내도록 하자구.

기우치   과장님 잠깐만요. 공지사항입니다. 잘 들어주세요. 내일은 마트 주차장이 좁으니까 일단 회사에 모여 차 한 대로 이동하겠습니다.

코타로   아, 그게 좋겠어. 회사는 하나이니까.

기우치   무슨 말인가요?

코타로   아냐. 아무것도. 모든 것은 하나, 지금도 하나. 언젠가 한번 들어볼까? 선 오브 어 록.

그날은 오전 중에 해산하여 각자 집으로 돌아갔다. 나는 토요일 오후의 거리가 좋다. 지금이야 일주일에 이틀을 쉬지만 신입사원 때는 '반토'라고 해서 전국의 월급쟁이가 토요일 오전만 근무하던 시절이 있었다. 회사의 속박에서 벗어나 처음 맞아보는 토요일 오후의 바람이 얼마나 기분 좋았는지, 20년이 지난 지금도 기억의 DNA에서 지워지지 않았다.

'꽃집 앞에서~ 흥흥 흐흥~.'

반다이 다리를 걸어서 돌아오는 길에 정말 싫어하던 그 노랫가락이 내 입에서 흘러나와 깜짝 놀라고 말았다.

동기가
뛰어날수록
진심으로
기뻐해야 하잖아!

시점을 바꾸어 동료를 바라보자.
뛰어난 동료는 사장이 될
그대에게 큰 자산일지도 모른다.

제 8 화

더 이상 일에 보람이
느껴지지 않을 때

그 자체로 즐거운 일이란 없다

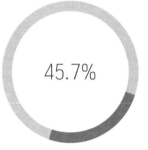

45.7%

'당신이 회사를 그만두고 싶을 때는?'
《@DIME》 설문결과

고객들이야 알 수 없는 일이지만, 일요일 대형마트 정문 셔
터 안쪽에서는 이른 아침부터 전쟁과도 같은 광경이 펼쳐진다.
IT계열 회사에서 오랜 경험을 한 나에게 마트에서 전시 판촉행
사는 처음이다. 나의 직장경험 따위, 계산대 파트타임 아줌마
의 "비켜!"라는 일갈에 하늘 높은 줄 모르던 자존감과 함께 그
냥 날아가 버렸다. 기가 팍 죽어버린 나에게 뒷문으로 들어서
는 츠카야마 팀장의 존재는 구세주와도 같았다.

츠카야마　요시미야 씨, 미안, 늦어서.

코타로　　어라? 왜 여기에?

츠카야마　그야 요시미야 씨가 처음이니까. 응원이라도 해줄까
　　　　　했는데 자명종이 고장나버려서. 정말 미안하이.

　　와준 것만 해도 너무 고마운 일인데 조금 늦은 걸로 사과까
지 하다니. 나에게는 도무지 이해할 수 없는 차원의 태도였다.
달관 씨 말대로 츠카야마 팀장과 나는 역시 격이 다른 모양이
다. 나는 과거 20년 동안 사내 라이벌의 행사를 도와주려 가본

적은 단 한 번도 없다.

> **츠카야마** 저기, 뒷문 반입구 옆에 다 모여주세요. 여기 있으면
> 일에 방해만 돼요.

영업1팀 전원을 앞에 두고 "내가 지시를 내려 미안하네"라며 내 입장을 배려해주는 말을 먼저 내뱉은 다음, 츠카야마 과장의 스피치가 시작됐다.

> **츠카야마** 에, 그러니까, 기우치 씨, 오늘은 무슨 상품이지요?
> **기우치** 신제품 감씨과자가 나와서요, 카운터 옆 시식판매원
> 3명하고 선반진열 담당 3명입니다.

전시판촉을 허락해주는 대가로 마트 업무를 도와주기로 한 것이다. 경쟁사 제품의 선반진열도 해야 하니까 타사 제품의 판매현황을 살펴보기에도 좋은 기회이다.

> **츠카야마** 그럼 아카무라, 오노, 가야마 세 명이 오전에는 앞쪽,
> 오후에는 뒤쪽, 교대하기로 합시다. 점심 식사는 마
> 트에서 도시락을 제공한다니까 12시에 여기 다시 모
> 여주세요.

각자 자신의 위치에서 일을 시작하자 츠카야마 씨가 귓속말을 했다.

츠카야마 오늘 어쩐지 모두가 경직된 것 같아. 왜 이렇게 긴장하고 있는 거지?

구원의 신이 내뱉은 '심각한 어조'에 나도 약간 겁먹은 목소리로 말했다.

코타로 오늘 아침 미팅에서 내가 기합을 넣어서 그런지도 모르지요. 사실은 이번 판촉행사에서 3백 개 이상 팔면 6개월 동안 특설코너를 마련해주기로 했거든요. 우리 지역에 60개 점포를 가진 하라마루 마트니까 이건 수 억 엔에 달하는 대형 건입니다.

츠카야마 그래서인가…. 평소에는 아주 웃음기가 가득한 애들인데….

이윽고 점심시간. 도시락을 먹는 직원들을 따스한 눈길로 바라보며 츠카야마 과장이 말했다.

츠카야마 어이, 오노. 수고 많았네. 왜 그리 표정이 어두워?

오노　　오전 중 80박스니까 목표량 달성은 거의 무리가 아닐까 싶어요. 그래서 오후 시간이 좀 암담합니다.

츠카야마　그런가…. 그렇다면 오노, 지금 먹는 도시락 말이야, 왜 먹는다고 생각해?

오노　　배가 고프니까요.

츠카야마　아, 니, 야. **도시락은 '맛있어서' 먹는 게 아닌가?**

오노　　하긴 그러네요. 이 고로케, 정말 맛있습니다.

츠카야마　그럼 그 '맛있는 맛'은 언제 맛볼 수 있지?

오노　　???

츠카야마　자네 지금 먹는 그 고로케, 먹고서 3시간 뒤에 그 맛을 느낄 수 있어? 이걸 묻고 싶은 거야, 나는.

오노　　그야 고로케 맛은 고로케를 **입에 넣는 그 순간에 느끼는 거죠.** 3시간이나 지난 다음에 문득 그 맛이 입안에 감돌지는 않습니다.

츠카야마　그럼 **'언젠가'** 그 도시락이 오노에게 행복을 주는 건 **아니겠네?**

오노　　그럼요. 도시락 맛은 먹는 지금 느끼는 거니까요.

츠카야마　**그렇다면 도시락이란 '미래에 행복해지기 위해' 먹는 것이 아니라 지금 '도시락을 먹는 것' 그 자체가 행복하니까 먹는 셈이 되겠지. 왜냐하면 그 '맛'은 그것을 먹는 지금 일어나는 현상이니까.**

오노   지당하신 말씀!

츠카야마 일도 마찬가지야. **일이 즐거움을 가져다주는 게 아니야. 일을 즐기는 거지.**

'언젠가' 행복하기 위해 '지금'을 희생하라는 말도 안 되는 모순을 부하들에게 강요했던 나였다. 인간이 '언젠가' 행복해질 리 없다. 우리는 '지금'을 살아가는 사람이니까. '언젠가'를 바라지 말고 '지금' 웃어야 하는 것이다.

코타로   여러분, 조금 작전을 바꿔볼까. 오늘 아침 내린 지시 말이야, 미안하네. 대형 건을 수주하려고 이번 전시 판촉행사를 연 건 아니야. 이 행사를 즐기다보면 혹시 그 앞에 대형 수주건이라는 선물이 나타날지도 모른다는 거지. 미래의 달성량에 대해 심각하게 생각할 필요는 없으니까, 누구, **오늘 이 행사를 즐길 수 있는 아이디어** 없을까?

기우치   이 일 자체를 즐긴다고요?

코타로   그래그래. '팔기 위해서'도 아니고 '목표량을 달성하기 위해서'도 아니고 '미래를 위해서'도 아닌 오늘 **이 일 그 자체를 즐길 수 있는 무슨 아이디어** 없을까?

사다미츠 쭉 지켜보다가 느낀 건데, 다들 웃음기가 사라졌어요. 그러니까 움직임이 둔해진 것 같습니다. 이상하게도 웃으면 가벼워지는 것 같아요.

오노   그럼 누군가 나를 계속 웃겨주세요.

가야마   지가 알아서 웃어야지!

오노   어떻게 혼자 알아서 웃을 수 있나요, 선배님?

가야마   난 말이야, 가끔 카운터 아줌마랑 손님의 대화를 머릿속에서 내 멋대로 중국어로 바꾸면서 놀아. 한번 해봐, 정말 웃겨. 북한말로 바꾸면 더 웃기지만, 오노에게는 좀 수준이 높은 거라 어떨지 모르겠어.

아카무라   가야마 씨 같은 초능력은 아무나 가질 수 없거든요. 아, 갑자기 좋은 생각났어요! 다들 귀에 꽂은 무선 이어폰 있잖아요?

오노   이어폰은 왜?

판촉행사 때는 근무 장소가 다른 직원들에게 지시를 내리기 위해 모두 귀에 이어폰형 무전기를 꽂는다.

아카무라   누군가 좀 심각해지면 이 무선으로 서로 웃겨주면 어떨까?

사태가 위험한 방향으로 흘러갈 조짐이 보였지만 나는 가만

지켜만 보았다. 부하들을 믿어보자고 마음을 다잡으며 오후 근무로 들어갔다.

가야마   넵, 저는 지금 뒷문 쪽에서 박스를 옮기고 있는 가야마올습니다. 창고에는 경쟁사 상품만 가득하니 우리 회사 미래를 생각하면 눈앞에 캄캄하옵니다, 이상.

오노   여기서 오노. 여러분께 놀라운 뉴스를 전합니다. 아무래도 가야마 선배, 우리 회사 상품을 제대로 파악하지 못하고 있는 것 같습니다. 지금 있는 힘을 다하여 우리 상품 세 박스를 옮기면서 경쟁사 상품인 걸로 착각하고 있나이다. 이상.

가야마   어라, 오노. 쉬는 시간에 화장실 뒤편으로 빨랑 나오도록 하라. 이상!

오노   연애편지라면 기쁘게 나가겠나이다. 이상!

아카무라   여기는 아카무라, 동성끼리 느끼한 대화는 그만두기 바랍니다. 으앗!

오노   오노가 아카무라에게. 끼고 싶으시오? 이상.

아카무라   선배님들, 진짜 징그럽고 재미없나이다. 딸깍!

가야마   우히히히. 어이, 아카무라. 아무도 모를 줄 알지?

아카무라   무슨 말이십니까? 딸깍!

가야마   그 끝에 붙이는 '딸깍!' 그만두지 않을래? 사람 웃겨

죽이고 싶어? 요즘 무선은 성능이 좋아서 마지막에
'딸깍' 같은 잡음 없어.

기우치 여기는 계산대 옆 기우치. 초등학생 축구부 단체가
옵니다. 지원부대, 응원 부탁하나이다. 딸깍!

가야마 그러니까 주임님도 말끝에 '딸깍!' 붙이지 말아주세
요. 너무 웃겨서 죽을 지경입니다. 옛날 무전기가 그
랬다니까요! 마칠 때 소리가 나는 거. 딸깍!

사다미츠 가야마 자네도 그러잖아. 딸깍!

어느새 무선 통신에서 '딸깍!'이라는 말이 나오는 것만으로
다들 웃기 시작했다. 누군가 심각한 표정을 지으면 다른 멤버

가 바로 '딸깍!'이라고 한다. 최종적으로는 오로지 홀로 무선을 하지 않는 츠카야마 팀장마저 갑자기 내 뒤에 나타나 "딸깍!" 한 마디를 남기고 사라졌다.

다 큰 어른 7명이 대형마트 안에서 뭘 하고 있었을까. 오후 9시 폐점 전에 상품은 450박스가 팔렸다.

코타로 자, 여러분, 오늘 정말 수고 많았습니다. 하라마루 마트 담당 매니저 곤도 씨의 인사말이 있겠습니다.

폐점 뒤 마트 안에서 이번 기획을 우리에게 제안했던 곤도 매니저가 꼭 인사를 하고 싶다고 해서 뒷공간에 모였다.

곤도 미츠이상사 여러분, 오늘은 하라마루 업무까지 도와주시고, 정말 감사합니다. 최종 집계를 보니 500박스 나갔으므로 이번 분기에는 전 점포에서 취급하게 되겠습니다. 딸깍!

코타로 어라? 곤도 매니저. 지금 마지막에 붙인….

곤도 왜요? 뭣하면 다음 분기까지 갈까요? 딸깍!

가야마 다시 한번 해주세욧. 딸깍!

코타로 듣고 있었어요, 무선?

곤도 그 무선, 주파수가 우리 거랑 똑같던데요. 여러분의

'일을 즐기는 자세'에 감동받았습니다. 자칫 월급쟁이란 존재는 일의 보람을 멀리서 찾기 쉬운데, **'지금' 눈앞에 있는 일을 즐기기 위해 노력하는 것이야말로 일의 보람**이라는 사실을 깨닫게 해주었습니다. 정말 감사합니다. 딸깍!

나는 가슴을 쓸어내렸다. 상대가 유머를 아는 매니저라 다행이었다. 나 같이 딱딱한 유형이었다면 화를 냈을지도 모르는데.

멤버들은 무전기 이어폰을 벗은 다음에도 대기실에서 "딸깍!" "딸깍!"을 연발하며 즐겼다. 아카무라, 사다미츠를 비롯하여 누구랄 것도 없이 한 마음으로 뒤풀이를 하기로 했다. 우리는 가벼운 발걸음으로 한 잔 하자는 뜻이 모였고, 그 가벼운 발걸음은 '마시고 싶어서 간다'는 것이었다.

"사원과 잘 지내려고 회식을 하는 것이 아니라 사원과 사이가 좋으니까 마시러 가고 싶어 견딜 수 없는 거야."

고작 이틀 전 츠카야마 팀장이 한 그 말을 '현실'로 바라보게 되리라고는 상상도 하지 못했다. 서로를 이해하는 사람들이 늘어나면 회사는 즐거워진다. 그러기 위해서는 '먼저' 가슴을 열어젖히기만 하면 된다. 분명 내 주위에 용사들이 늘어나기 시작했다.

덧붙여서 그 무전놀이의 후렴구는 그 후로도 미츠이상사의 전통이 되어 전해지는 바, 혹시 니가타역 남쪽 출구 언저리 술집에서 "딸깍!" "딸깍!"을 외치며 기분을 내는 월급쟁이들이 있다면 미츠이상사 영업1팀 사람들이 틀림없을 것이다.

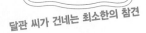

일이
즐거움을
주는 게 아니야.
일을
즐기는 것이지.

일이 나를 즐겁게 해주기를 기다리는 것보다
일을 즐길 수 있게 노력하는 것이
'보람이란 것'이며, '즐거움이란 것'이다.

제 9 화

중대한 업무 결정을 내리기 힘들 때

우회전은 세 번까지다

7.5%

'당신이 회사를 그만두고 싶을 때는?'
《@DIME》 설문결과

영업1팀은 2팀과 달리 대형 거래를 담당한다. 나의 업무가 그런 셈이다. 중대한 판단을 내려야 할 일이 많아 자주 위통이 일어나지만 그럴 때마다 나는 반드시 이 말을 떠올린다.

"우회전은 세 번까지입니다. 네 번째부터는 이상해지니까요."

미츠이상사 팀장 이상 8명의 임원에게는 임원전용차량이 주어진다. 검정색 고급 승용차 운전사는 렌터카 회사에서 파견된 사람들이다. 어느 임원에게 어느 운전사가 붙는가는 그날 배차 스케줄에 따르는데, 사장 미츠이만은 후쿠야마 씨가 전속이다. 어느 날 하라마루 마트와 대형 계약을 체결하기 위해 나는 사장 차에 동승했다.

사장 1팀장은 내 차에 처음 타보지요.

사장은 나를 '1팀장'이라 불렀다.

코타로 예, 사장님. 처음 동승합니다.
사장 그런데 오늘은 어디로 가지요? 날씨도 좋고, 어디 드라이브라도 할까요?
코타로 아하하하, 좋습니다. 야히코산(弥彦山) 부근까지 가볼까요?
사장 후쿠야마 씨, 야히코산으로!

나는 파랗게 질리고 말았다. 오늘 거래는 3억 엔 이상이라 사장 결재가 필요하다. 이 건을 놓치면 팀장 겸 부장에게 야단을 맞을 것이다.

코타로 아, 사장님. 농담입니다. 만다이(万代) 쪽으로 가지 않으면 시간이 맞지 않습니다.

사장   후후후, 농담이란 이런 식으로 하는 겁니다.

코타로 예?

사장   **농담이란 현실에서는 있을 수 없는 말을 해서 상대를 웃기는 기술을 두고 하는 말이지요.** 아까 1팀장님이 '아하하하' 웃었는데, 진심이 담겨 있지 않았어요. 그러므로 이어지는 "야히코산 부근까지 가볼까요?"라는 말도 당연히 진심이 아니지요. 아마 상대도 '아하하하' 하고 웃을 테고, 대화는 서로의 표면을 미끄러질 뿐일 겁니다. 한편으로 내가 "그럼 야히코산으로"라고 말했을 때 1팀장님은 진심인 줄 알고 파랗게 질렸어요. **사교적인 말은 상대에게 전해지지 않지만, 진심은 마음으로 전해지는 법입니다.** 잘 기억해두세요.

코타로 미처 몰랐습니다, 사장님.

사장   그런 예의도 차릴 필요 없어요. 허허. 더 편안하게 상대를 웃게 만들어야 합니다. 팀장님은 우리 회사의 영업을 이끄는 영업1팀장이니 말입니다.

후쿠야마 사장님, 도착했습니다.

사장   아, 1팀장님은 차에서 기다려주세요. 내가 퍼뜩 마무리 짓고 올 테니까요.

코타로 옛? 그렇지만 사장님 혼자 가시면….

사장   전쟁터도 아니잖아요.

탕, 뒷좌석 문 닫히는 소리가 78세 노인의 힘이라 생각할 수 없을 만큼 강렬했다. 사장이 내리자마자 나는 조수석에서 노트북을 열고 메일을 체크하기 시작했다. 위를 향해서만 오로지 고개를 조아리는 성격이라 옆자리에 앉은 '그냥 운전사' 후쿠야마를 공기처럼 '없는 존재'로 취급한 듯 나도 모르게 혼잣말을 중얼거린 모양이다.

코타로   흠, 이걸 어쩌지. 가메마루 제과로 할까, 모리다 유업으로 할까…. 흐음….

후쿠야마   우회전은 세 번까집니다. 네 번째부터는 이상해지니까요.

코타로   왓, 깜짝 놀랐네. 그래, 기사님이 계셨지…. 아, 그런데 '우회전은 세 번까지'라는 건 무슨 말씀이세요?

후쿠야마   **망설인다는 건 좋은 일입니다. 인생이란 망설임을 즐기며 걸어가는 길이니까.** 다만, 우왕좌왕도 세 번까집니다. 같은 일을 네 번이나 망설이다가는 인생의 나머지 시간이 줄어들고 말죠.

코타로   후쿠야마 씨. 너무 시적이라 이해하기 힘들어요. 좀 알기 쉽게 가르쳐 줄 수 없나요? 우선 '인생이란 망설임을 즐기며 걸어가는 길'이란 놈부터요.

후쿠야마 당연한 겁니다. '망설이는 시간'이야말로 인생의 즐
거움 그 자체니까요.

코타로 가능하다면 망설임 없는 인생이 좋을 것 같은데요.
나는 늘 중대한 결단을 내려야 해서 그런지 위가 아
파요.

후쿠야마 **오른쪽으로 가도 되고 왼쪽으로 가도 되니까 망설이**
는 겁니다.

코타로 예?

뭔가 내 속에서 벗겨져 나가면서 시원한 느낌이 일어났다.

후쿠야마 오른쪽은 지옥이고 왼쪽은 천국이라는 팻말 앞에서
망설이는 사람이 있을까요?

코타로 그야 곧장 왼쪽으로 가지요.

후쿠야마 바로 그겁니다. **망설이는 시간이란 사실 어느 쪽으로**
가도 좋기 때문입니다.

코타로 마, 맞는 말이에요. 망설인다는 것은 분명 어느 쪽도
좋기 때문이다! 멋져!

후쿠야마 그럼 다음으로 '고민'이란 무엇입니까? 고민한다는
건 어떤 상태입니까?

코타로 에, 그러니까, 내가 고민할 때란 것은 A사와 B사 어느 쪽으로 할까, 또는 '하느냐' '마느냐' 결단을 내려야한다든지 어떻게 하면 문제를 해결할 수 있을까 생각하는….

후쿠야마 모든 것은 똑같습니다. **'고민'이란 선택지를 여러 가지 가진 상태를 말합니다.**

코타로 이거 정말 대단하네요! 냉정하게 분석해보지는 않았지만 **망설일 때는 늘 복수의 선택지를 가지고 어느 쪽으로 할까 고민하는 순간이었어요.** '회사를 그만둘까' '그냥 다닐까' '내 힘으로 어떻게든 되지 않을까' '내 힘으로는 도저히 할 수 없는 게 아닐까' 늘 선택지는 두 가지 이상이었어요.

후쿠야마 그렇습니다. 모든 고민이 여러 선택지를 끌어안고 망설이는 것일 뿐입니다. '고민'이란 망설이는 것이므로 똑같은 말입니다. **사실 어느 쪽이든 마찬가지니까 망설이는 것이죠.** 오른쪽이냐 왼쪽이냐, 어느 하나만이 천국이라면 아무도 고민하지 않아요.

코타로 **고민하는 사람은 사실 '어느 쪽이든 좋으니까' 망설이는 것이구나.** 흠, 후쿠야마 씨, 책을 쓰세요. 예의상 하는 말이 아니라 진심입니다.

후쿠야마 감사하지만 저는 운전이 좋습니다. 이 핸들을 잡고 꺾으면서 미지의 세상에서 더 망설여보고 싶어서요.

코타로 그렇군요. 저도 고민할 때는 사실 어느 쪽이든 좋으니까 망설였을지도 몰라요.

후쿠야마 '그럴지도 모른다'가 아니라 모든 경우가 다 그렇습니다.

코타로 대단한 자신감이네요.

후쿠야마 원리가 하나뿐이니 예외는 없습니다. 고민하는 사람은 모두 어느 쪽이든 좋으니까 망설이는 겁니다. 선택지의 하나가 지옥이라면 누가 고민하겠습니까.

코타로 그러고 보니 **두 개의 '행복'을 손에 쥐고 우리는 고민하는 거야.** 어쩐지 인간이 좀 귀여운 것 같네요. 아, 그런데 세 번 우회전이란 말은?

후쿠야마 먼저, **고민하는 것이 본래 행복한 일이라는 것**을 이해해두어야 합니다. 고민하는 행복을 실감해보세요.

코타로 말로 하니까 좀 이상하긴 하지만, 분명 고민한다는 것은 행복이네요.

후쿠야마 지금도 이 거리에 있는 모든 사람이 고민하고 있습니다. 그렇지만 그러기에 이 비참해 보이는 세상에는 진실로 행복한 사람밖에 없다고 할 수 있습니다.

코타로 와아, 당장 운전사 그만두고 시인이 되셔야 하지 않아요?

후쿠야마 여기까지 이해했다면 다음으로 넘어가겠습니다. 인생은 '고민'이라는 행복을 맛보기 위한 것이지만, 그렇다고 해도 생명에는 시간이 한정되어 있습니다. 그러므로 **같은 일로 고민하는 것도 세 번까지입니다.**

코타로 그걸 잘 모르겠습니다. 왜 세 번까지입니까?

후쿠야마 사장님이 돌아오실 때까지 앞으로 몇 분 정도 남았습니까?

코타로 도장을 찍고 수수료를 내야 하니까…, 앞으로 최소한 15분은 걸리겠죠.

후쿠야마 그럼 실제로 이 차로 해보지요.

그렇게 말하더니 후쿠야마 씨는 액셀러레이터를 밟고 천천히 나아갔다.

후쿠야마 지금 우리 차는 앞으로 나아가지요. 앞쪽이 어디인지
알겠습니까?

코타로 도쿄에서 온 지 얼마 되지 않아서…. 그렇지만 바다
쪽이니까, 북쪽입니까?

후쿠야마 그렇습니다. 우리의 모험은 '앞으로 전진(북쪽)'이라
는 모험입니다. 자, 저 교차로 왼쪽으로 가면 야히코
산입니다. 오른쪽으로 가면 본사. 망설이던 끝에 오
른쪽으로 꺾어 봅니다. 그러면 지금 '오른쪽'이라는
낯선 방향으로 모험을 하는 거지요?

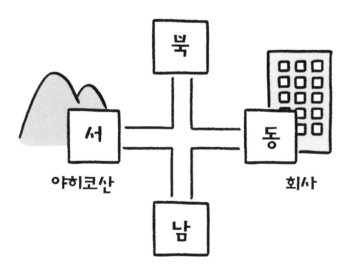

코타로 네, 진짜 모험이네요. 사장님을 내버려두고 가버리니까요.

후쿠야마 '북쪽 모험'을 끝내고 지금은 '동쪽 모험'으로 들어가는 이 차가 다음 교차로에서 다시 한번 오른쪽으로 꺾었다고 합시다. 두 번 우회전한 지금 차는 '돌아가본다(남)'라는 낯선 방향성을 모험하는 거지요?

코타로 네, 두 번 꺾었으니까 되돌아가는 셈입니다.

후쿠야마 자, 다시 다음 교차로. 저곳에서 오른쪽으로 꺾으면 어떻게 되지요?

코타로 흠, 그러니까 세 번 우회전했으니까 처음 위치에서 보자면 '왼쪽(서)'의 방향성입니다. 이것도 서쪽이니까 낯선 방향성의 모험입니다.

아! 알았다! 세 번 우회전하면 모든 것이 첫 모험이다! 그렇지만 네 번째 우회전을 하면 처음으로 돌아오고 말아! '북쪽'으로 돌아가니까.

후쿠야마 그렇습니다. **세 번까지라면 우회전을 하더라도 매번 '미지의 방향으로 모험'이 됩니다.** 그냥 그것뿐입니다. 그러므로 요시미야 팀장님도 망설이지 말고 그냥 '에라!' 하고 결단을 내리면 되는 겁니다.

코타로 아하! 그렇지만 그런 식으로 망설임 없이 결단을 내리면 되지만 '중대한 결단'이라면 회사를 생각해야 하잖아요.

후쿠야마 그 무게는 아무 관계도 없습니다. 이를테면 '오른쪽
으로 간다'라는 판단이 틀렸다고 합시다. 그러면 세
번이나 잘못된 방향으로 회사를 이끌었다는 책임을
느낄지도 모르지만, **회사로서는 동쪽에도 남쪽에도
서쪽에도 새로운 모험을 할 수 있었던 것뿐**입니다. 그
러므로 무겁게 생각하지 말고 그냥 결단을 내리면 되
는 겁니다.

코타로 그렇구나. 내가 망설이다가 세 번 모두 판단 미스를
내렸다고 하더라도 회사로서는 '새로운 모험'을 한
것뿐이야. 그렇게 생각하면 다음부터 결단을 편하게
내릴 수 있겠네요.

후쿠야마 다만 인간에게는 생각하던 습관이 있어서 몇 번이나
같은 선택을 반복해버리는 경우가 있습니다. 그러면
어떻게 될까요?

코타로 똑같은 일을 계속 반복한다면 우회전이 네 번을 넘어
설 테니까 그 자리에서 빙글빙글 도는 거나 마찬가지
가 아닐까요?

후쿠야마 그렇습니다. 그러므로 만일 빙글빙글 같은 자리를 돈
다는 사실을 스스로 깨달았을 때 과감하게 다른 '왼
쪽'으로 방향을 틀어보세요. **우회전은 세 번까지입니**

다. 네 번째부터는 이상하게 됩니다.

그렇게 말하고 후쿠야마 씨는 네 번째로 핸들을 돌려 제자리로 돌아왔다. 그리고 거기에는 사장님이 뜨거운 햇살 아래 서 있었다. 흐르는 땀으로 보건대 5분은 기다렸을 것이다. 그런데도 사장은 차에 오르자마자 그냥 이런 말만 했다.

사장   1팀장. 후쿠야마 씨, 재미있죠?

코타로   아, 예. 기다리게 해서 죄송합니다.

사장   길을 헤맸을 테지요? 꽤 즐거웠을 겁니다. 인생이란 길을 헤매기 위한 것이니까.

코타로   네, **헤매는 것이 정말 즐거운 일이란 것**을 알았어요.

사장   그렇지만 망설임은 세 번까지입니다. 네 번째부터는 이상해지니까요.

코타로   네.

사장   그럼 후쿠야마 씨, 야히코 신사에 들렀다 갑시다.

후쿠야마 네, 사장님. 저기서 한 번 왼쪽으로 꺾으면 바로 도착합니다.

사장   돌아가는 길에 이와무로 신사에나 들릴까. 그게 말이오, 나한테는 정말 깊은 의미를 가진 장소라오. 그게 아마 스무 살 즈음이었던가….

후쿠야마 무슨 일이 있었습니까?

　사장도 대단하지만 운전사도 엄청나다. 도쿄에서 막 왔을 무렵, 나는 미츠이상사란 회사를 조금은 얕봤었다. 영업실적을 끌어올려 회사를 멋지게 세우리라 자신만만했다. 그런데 석 달이 지나 깨달은 것은 이 회사 사람들에게서 내가 '일방적으로 가르침을 받는다'라는 사실이었다. '배우는 태도가 만들어졌을 때 스승이 나타난다'라는 말이 있다. 혹시는 내가 타인에게 가슴을 열기 시작했기에 많은 것을 받아들일 수 있는지도 모른다. 그렇게 생각해보면 도쿄에 있었을 많은 스승들을 내가 마음을 닫고 받아들이지 않았다는 사실을 깨닫고 슬퍼졌다. 언제나 문제는 '세상'이 아니라 '나' 쪽에 있는 것 같다. 야히코 신사에 도착했을 즈음, 주위는 벌써 어두웠다. 조수석에서 노트북 모니터만 보고 있던 내 눈은 노을 진 바깥 풍경에 초점을 맞출 수 없었다. 그래도 눈을 부릅뜨고 바라보니 신사의 신전이 환상적으로 두둥실 떠오르기 시작했다.
　"내가 '그렇게' 바라보면 '그렇게' 보이는 것이 세상이다."
　세상은 필시 더욱 다정한 것이 아닐까.
　세상의 다정함을 찾는다면.

우회전은
세 번까지.
네 번째부터는
이상해진다.

망설이는 것은 어느 선택지도 훌륭하기 때문.
설령 세 번 모두 실패한다 해도
회사로서는 '처음 가보는 방향'으로 모험을 한 것뿐.
다만 같은 곳을 빙글빙글 돌고 있다는 느낌이 든다면
평소와는 다른 선택을 해본다.

제 10 화

회사 사람들과 마음이 맞지 않을 때

다른 가치관과 더 많이 만나라

7.5%

'당신이 회사를 그만두고 싶을 때는?'
《@DIME》 설문결과

가족을 도쿄에 두고 홀로 니가타에 부임한 지도 벌써 반년이 흘렀다. 회사가 마련한 사택에서 사무실까지 걸어서 30분이나 걸리지만 전차를 타더라도 환승이니 뭐니 해서 어차피 20분 이상 걸리기 때문에 운동 겸 걸어 다닌다. 시내를 흐르는 시나노 강(信濃川) 강둑을 따라 흐드러지게 꽃을 피웠던 벚나무도 가을이 오면서 푸르던 이파리마저 벗어던지고 있었다.

코타로   안녕하세요.

달관 씨   어이, 코타로. 자네는 별관 영업1팀 사람이면서 왜 본관에 있는 나를 매일 귀찮게 해? 커피 맛이 뚝 떨어지네.

코타로   어쩔 수 없잖습니까. 매일 아침 걸어오다 보니 샤워를 해야지요. 여기 임원실에만 샤워실이 있으니까요.

달관 씨   본관 임원층이 더 가깝잖아. 자네 그렇게나 내가 좋은 건가?

코타로   무슨 말씀을. 하나도 안 좋으니까 신경 끄세요. 애당초 임원하고 잡무원에게만 샤워실을 설치한 구조 자체가 말도 안 돼요.

달관 씨 나는 일의 특성상 땀을 많이 흘린다구. 오히려 임원
들에게 왜 샤워실을 주는지 모르겠어.

괜한 소리가 아니었다. 정말로 샤워를 하려고 매일 달관 아
저씨의 휴게실에 들른다. 다만 샤워로 땀을 씻은 다음에 왜
20분도 넘게 거기 머무느냐고 묻는다면 대답할 말이 없긴 하지
만. 그래도 달관 씨는 내가 곤란해 할지도 모를 질문은 결코 하
지 않았다. 지금 생각해보면 모든 것을 다 위에서 내려다보고
있었던 것 같다.

달관 씨 '사실은 당신하고 이야기를 나누는 게 즐거워서요'
정도는 해줘야 하는 거 아닌가? 도무지 귀여운 구석
이라고는 없어.

코타로 즐거워할 일이 뭐 있다고요. 도무지 이야기도 안 맞
고 취미도 완전 다르잖아요. 이야기가 끝날 때까지
할 수 없이 앉아 있을 뿐이라니까요.

달관 씨 **취미가 안 맞는 사람일수록 가장 이야기가 잘 되는
법이야.**

코타로 예? 그건 또 무슨 말입니까?

반년이나 만났지만 달관 씨 이야기는 매번 나를 놀라게 한다. 늘 즐겁고 그리고 심오했다. 여러 가지 깨닫는 점이 많아 나는 그것을 가져다 조회 때나 거래처에서 대화를 나눌 때 그냥 그대로 써먹기도 한다.

달관 씨 회사를 그만두는 가장 큰 이유 가운데 하나가 회사동료와 이야기가 잘 되지 않는다는 것이야. 자네도 중간관리직이라면 부하들을 이끌 때 생각한 점이 있지 않을까?

코타로 그럼요. **직장에서 고민 99%는 인간관계**라는 말을 들은 적이 있어요. 지난번 회사에서는 동료들과 말이 잘 안 맞는다는 부하들의 관계를 조정하려고 무던히도 애를 쓰곤 했죠.

달관 씨 어떤 노력을 했는데?

코타로 한 달에 한 번 직원들과 회식 자리를 마련해서 대화할 기회를 늘리려 했습니다.

달관 씨 허참, 가장 안 좋은 방법을 썼구만. 기가 찰 정도로 교과서적이네. **말이 안 맞는 사람하고는 아무리 이야기를 나눈들 맞지 않는다.** 축구광하고 야구광이 석 달을 만나 이야기를 나누고 넉 달째 되는 날 아침 갑자기 서로가 '나, 축구가 좋아졌어' '나 야구가 좋아졌어'라며 서로를 이해하는 일이 일어날까?

코타로 그런 일 없지요. 그럼 어떡하면 된다는 말입니까?

달관 씨 **서로 말이 안 맞는 그 멋들어진 상황을 다 함께 즐기는 것이 직장이야.** 알겠어? 퇴근하면 자네는 어디로 가지?

코타로 마음 맞는 사람이랑 술을 마시러 가든지 골프를 치러 갑니다. 친구랑 같이 하는 골프, 최고지요.

달관 씨 그래그래. 회사가 끝난 다음은 누구든 이야기가 잘 맞는 동료나 마음에 맞는 친구들과 모이지. 바꾸어 말하면, **회사라는 '장소'가 없어진다면, 어떻게 해야 말이 잘 안 맞는 사람을 만날 기회를 만들 수 있을까?**

코타로 아뇨, 그런 기회는 필요 없을 겁니다. 회사에 가도 되지 않을 만큼 유복해진다면 좋아하는 친구들과 지낼 테지요. 말이 잘 맞으니까.

달관 씨 이야기가 잘 맞는 동료하고만 지낸다고 해서 그리 즐거울까? 히피(Hippie)가 그 좋은 예인데, 마음이 잘 맞는 사람들끼리 공동체를 만드는 운동이 붐이었어. 1970년대 일이야. 여러 공동체가 만들어지고 거기에는 '마음이 맞는 동료'만이 모여들었어. 지금 그런 공동체가 얼마나 남아 있을 것 같아? 거의 제로야.

코타로 히피라는 말, 최근에는 거의 들을 수 없긴 해요.

달관 씨 마음이 잘 맞는 사람들끼리 모여 살았는데 왜 없어졌을까나?

코타로 싸우기라도 했나요?

달관 씨 아니야. 마음이 잘 맞으니까 싸움도 없어.

코타로 그럼 취향이 바뀌어서?

달관 씨 취향이 똑같으니까 모였지. 취미나 기호가 바뀌지는 않아. **정답은, '지겨웠다는 거'야. 같은 의견, 같은 취미를 가진 사람들끼리 모여 생활하면 지겨워지고 말아.** 왜냐하면, 자극이 없으니까.

코타로 좀 믿기 힘드네요. 난 골프 동료 다섯 명이 오래 같이 놀아도 지겹지 않아요.

달관 씨 자네 상상력이 부족해서일 뿐이야. 석 달이면 지겨워져. 자연계를 보면 명료하지, 그렇고 말고. 코타로, **무슨 의문이 일어날 때는 반드시 자연계를 바라보도록 해.** 몇 십 억 년이라는 오랜 시간에 걸친 '공존' 실험을 거듭한 그 성과가 아주 잘 섞여 조화를 이루고 있는 곳이 자연계니까. 봐, 그런 자연계에서 잔디만 자라는 산이 있을까?

코타로 없죠. 산에는 잡초도 나무도 꽃도 자라지요.

달관 씨 인간은 한 종류로만 늘어세우려고 해. 공원 잔디밭이 그렇고 산에 빼곡한 삼나무 숲이 그래. 오로지 한 종류만 자라게 하지. 한 가지 의견만 남게 하려고 해. 그런데 자연은, 생명은 얼마나 다양한지 몰라. **오늘도 세상 모든 의견이 서로 다른 모습으로 공존하고 있어.** 그래서 세상은 이렇게도 혼란스럽고 아름다운 거야.

코타로   쉽게 믿기 힘든 이야기지만 히피 마을이 없어졌다는 사실에 비추어 보면 그럴지도 모르겠네요. 아주 편안해 보여도 마음이 잘 맞는 사람끼리만 모여 있으면 지겨워져서 결국 흩어지고 만다는….

달관 씨   그러므로 '회사'라는 조직은 사회에서도 아주 중요해. **싫어하는 사람하고 강제적으로 같은 공간에 있어야만 하는 '장소'라니, 이것 말고 세상 어디에 그런 게 있을까?**

'방과 후 활동'에는 취미가 맞는 동료가,

'오후 5시 이후 술집'에는 마음이 잘 맞는 동료들이,

'오후 2시 카페'에는 육아에 지친 엄마들이.

같은 얼굴로 같은 고민을 하고 같은 옷을 입은 사람들이 대화를 나누고 있는 모습이야. **인간에게는 '회사' 뿐이야, 다른 의견을 가진 사람들과 어울리는 공간은.**

코타로   그렇지만 역시 싫어요. 마음 맞는 동료들과 벤처기업을 시작하고 싶어요.

달관 씨   해보면 되지. 마음 맞는 동료라는 건 대체로 같은 능

력에 같은 가치관에다 방향성이 같은 정보 안테나를 세우고 있는 사람이야. 그렇게 다양성이 부족한 공간은 결코 자연계에서 살아남을 수 없어. 애당초 **인간의 유일한 사명은 살아 있을 동안 하나라도 많은 '다른 가치관'과 만나는 것**이거든.

코타로 이제 조금 알 것 같네요. 다른 가치관이란 게 정말 중요할지도 모르겠어요. 그리 생각해보면 마음이 맞지 않는 사람들이 모인 회사라는 게 아주 중요한 것 같습니다.

달관 씨 그럼, 중요하지. 그렇지만 인간은 멍청해. 똑같은 사람들끼리 모이려고만 해.

코타로 그럼 어떡하면 좋습니까?

달관 씨 **서로 마음이 맞지 않은 그대로도 정말 멋지다**는 걸 알려주는 월급쟁이가 되어봐. 당신 의견은 나와 다르다, 그러므로 '당신'은 멋지다. 그리고 당신과 다른 의견을 말하는 '나'도 같은 이유로 멋지다. 다양성 그 자체로 멋지다. 이것을 전할 수만 있다면 완벽해.

코타로 하나의 의견으로 통일하고 싶어 하는 월급쟁이 입장에서는 정말 받아들이기 힘들겠어요. 그렇지만 지금 말한 그 내용만은 단 한 곳도 부정할 수 없을 만큼 논리적입니다. 지금이라면, **회사가 좋은 이유란 마음 맞**

지 않는 사람들이 모이는 유일한 커뮤니티이기 때문
이라고 생각할 수 있습니다. 오후 5시가 넘으면 어차
피 같은 취향을 가진 사람들끼리 모일 테니, **회사에**
서만 볼 수 있는 다양성을 즐겨야 한다는 거지요. 아,
동물원이라고 생각하면 좋지 않을까요? 희귀동물원!

달관 씨　자네가 가장 희귀한 동물인 것 같군.

　업무 시작종이 울리기 전에 나오는 라디오 체조음악을 들으
며 휴게실에서 영업1팀으로 향하는 것이 나의 일과였다. 이날
도 본관 바깥으로 나와 별관 사무실로 걸어가는 도중에 가로질
러야 할 주차장에서 나는 발길을 멈추었다.

　거기에 멈춰선 수백 대 차량 색깔이 참 다양하다는 것을 깨달
았기 때문이다. 파란 차, 빨간 차, 타이어가 커다란 차, 높이가
낮은 차, 어느 하나 똑같은 것이 없었다. 이렇게나 취향이 다른
사원들이 단 하나의 장소에 모여든다. 형형색색의 주차장 풍경
이 들판에 핀 꽃들만큼 아름다운 것 같다는 생각이 들었다.

취향이 다른
사람들끼리
가장 대화가
잘 되는 거야.

**의견을 통일하려는 것이 목적이 아니라
'다양한 의견이 부딪치게 하는 것'
그 자체가 회사의 존재의의이다.**

제 11 화

부하직원이 실수투성이일 때

컨트롤하려면 컨트롤할 수 없다

4.3%

'당신이 회사를 그만두고 싶을 때는?'
《@DIME》설문결과

'의견이 맞지 않는 대로 개성을 소중히 여긴다.'

바로 그날 아침 미팅에서 나는 이상이란 그냥 이상에 지나지 않는다는 사실을 깨달았다. 주차장에 늘어선 형형색색의 차량에 반사된 햇살이 아직 내 시야에서 사라지기도 전 일이었다.

코타로   팀플레이가 안 되는 야구는 그냥 캐치볼 하는 거랑 마찬가지 아닙니까? 주임은 무슨 지시를 내린 거예요? 아무 생각 없이 고객을 대하니까 이런 일이 일어나는 겁니다!

직원들의 연계플레이가 되지 않아서, 같은 마트에 두 명의 영업사원이 따로 영업활동을 하는 바람에 그쪽에서 불만이 터져 나온 것이다.

코타로   에이코 마트 입장에서 보면, 미츠이상사 담당자는 하나면 충분하지 않습니까? 오전 오후에 다른 담당자가 방문하다니, 우리 회사 관리체계를 의심하지 않겠어요?

기우치　죄송합니다.

코타로　아까부터 '죄송합니다'만 연발하는데, 그래서 어쩌겠
　　　　단 말입니까? 팀플레이가 잘 되게끔 체제를 조정하
　　　　는 것이 주임의 임무 아닙니까?

최근 들어 화를 내는 횟수가 많이 줄어든 편인데도, 직원 때
문에 고객이 불만을 토로하면 화가 치밀고 만다. 고객의 불만
전화는 팀장회의에서 보고해야 한다. 임원회에 보고되어 나에
대한 평가가 나빠지는 것을 무엇보다 두려워한다는 증거일 것
이다. 화를 삭이지 못한 채 사무실을 나선 내가 한달음에 향한
곳은 역시 수리보수과 휴게실이었다.

달관 씨　**부하를 컨트롤하려니까 오히려 부하를 컨트롤할 수**
　　　　없는 거야. 모든 것은 이미 컨트롤되고 있다는 사실
　　　　을 알아두게.

코타로　무슨 말입니까?

달관 씨　**컨트롤하고 싶어 하면 할수록 '컨트롤이 안 되어 있는'**
　　　　듯 보이는 것이 이 세상이야.

코타로　도무지 의미를 모르겠습니다.

달관 씨　그럼 다른 비유를 들지. 최근에 뇌과학이 밝혀낸 놀

라운 발견. 왜 우리는 어떤 사람을 싫어하게 될까?

코타로 싫은 이유가 가득하니까요. 일을 잘 못한다, 솔직하게 잘못을 인정하지 않는다, 변명만 늘어놓는다. 기우치 주임, 도무지 좋아할 수가 없어요.

달관 씨 그렇지. 인간은 늘 그렇게 믿어왔지. 이유가 있으니까 싫어한다고. 그런데 뇌과학이 밝혀낸 메커니즘은 그렇지가 않아. **우선 '그 사람을 싫어하자!'라 정하고, 그런 다음에 그 사람이 싫은 이유를 뇌가 만들어나가는 거야.**

코타로 처음에 '싫어하자!'라 정하고, 그런 다음에 이유를 찾는다구요? 그런 말도 안 되는!

달관 씨 멍청한 자네보다 머리 좋은 학자가 이끌어낸 결론이야. 이건 순간적으로 일어나는 작업이라 인간의 감각으로는 어느 쪽이 먼저인지 파악할 수 없어. 머리에 전극을 꽂고서야 알아낸 순서라는 거지. 싫은 인간만이 아니라, 좋아하는 인간도 당연히.

코타로 먼저 '이 사람을 좋아하자!'라 정하고 그런 다음에 그 사람을 좋아할 이유를 찾는다고요?

달관 씨 첫사랑 감각을 기억하는 아이라면 이해할 수 있을 거야. 먼저 생물학적으로 좋아지지. 뇌를 넘어서 마음이, 세포가. 거기에 어른이 "왜 그 애가 좋아?"라고 물으면, 여러 가지 이유를 머릿속에 그려 넣는 거지.

"음, 내 짝꿍이니까."

"그리고 엄마랑 닮았으니까."

"아, 그리고 달리기가 엄청 빨라."

이런 식으로 말이야.

그렇지만 사실은 **이유를 떠나 무작정 좋아지는 게 아닐까? 좋으니까 좋은 거야. 이유 따위 없어.**

여성이라면 어른이 되어서도 이런 감각을 고스란히 간직하고 있을지도 몰라. 이유 같은 건 없지만 좋아지고, '그런 다음에 머릿속에 이유를 덧붙이는' 메커니즘을.

코타로　여자는 아니지만, 나도 좀 기억에 남아 있는 것 같아요…. 만나는 순간, 그냥 좋아져버린 여자애를.

달관 씨　그게 그런 거야. **마음이 먼저 좋아하고 머리가 그 이유를 나중에 말하기 시작할 뿐인 거야.** 당초 이유가 앞선 첫사랑이란 정말 웃기는 일이야. 내가 역할극 한번 해볼까?

코타로　좋죠. 한번 해주세요.

달관 씨　어느 맑은 월요일 아침. 전학 온 코타로가 자전거를 타고 학교로 달려갑니다. 그런데 모퉁이에서 한 여자애와 우연히 부딪치고 맙니다. 여자애는 빵을 문 채 넘어졌습니다.

남자애가 그 손을 잡고 일으켜 세우는데, 두 사람 눈이 마주칩니다. 그 순간 머릿속에서 '긴 머리 소녀, 좋았어! 입술이 오리주둥이처럼 툭, 좋았어! 짙은 쌍꺼풀, 좋았어! … 좋았어!!'

이런 첫사랑, 있을까?

코타로　있을 수 없죠. 모퉁이에서 빵을 씹으며 달려가는 미녀와 부딪칠 확률은 거의 제로. 그런 거로군요. **먼저 '좋아할 거야!'라는 결론을 내리고, 그런 다음 좋아하는 이유를 찾는다는 거.** 정말 놀랍습니다.

달관 씨　어른이 될수록 이유를 찾는 능력이 발달하니까 그 순서는 더욱더 알기 힘들어지지. 물론 어른이라도 먼저 좋아하고 그런 다음 이유를 찾는 거야. 다만 어른은 빨리 그 이유를 찾아서 즉각 갖다 붙여버리기 때문에 **먼저 이유가 있었다고 착각하는 것이지.** 어른이나 아이나 뇌 메커니즘은 다를 바 없어. **'인간은 먼저 결론을 내린다.'**

코타로　이거…. 세상을 바라보는 눈이 바뀔 것 같은데요.

달관 씨　좋잖아. 늘 옛날이나 다름없이 세상을 바라본다면 아무것도 바뀌지 않으니까. 당연한 일이지만, 이건 좋아하고 싫어하는 데만 적용되는 게 아냐. 이 모든 현

실을 뇌는 그런 식으로 결론짓는 것이지.

코타로 만일 그렇다면 '좋은 날 같은 건 없다'라고 할 수 있 겠네요? 먼저 '오늘은 좋은 날!'이라 제멋대로 정하 고, 그런 다음 오늘이 좋은 날이라는 이유를 찾을 테 니까. 그렇지만 실제로는 하늘이 활짝 개었다든지, 아내가 상냥하게 굴었다든지, 부하가 영업실적을 올 렸다든지, **이유가 먼저 있고 그런 다음 결론이 나올 테지요.** '오늘은 좋은 날!'이라고.

달관 씨 아냐, 예외는 없어. 거듭 말하지만, 인간의 감각으로 는 잡아낼 수 없을 만큼 빠르게 이유 찾기가 일어나 지. 그래서 순서를 거꾸로 생각하는 것도 이해가 가.

그렇지만 먼저 '오늘은 좋은 날!'이라고 결정을 하는 거야. 그런 다음 '왜냐, 하늘이 맑으니까' '왜냐, 아내가 상냥하니까' '왜냐, …' 하고 이유 찾기를 즉각적으로 수행하는 거야. **결론이 먼저, 이유는 나중이지.**

코타로   그럼 이 '현실'에는 의미 같은 게 애당초 없는 셈이네요. 인간이 이 무의미한 현실에 의미를 부여한다는 말인가요?

달관 씨   당연하지. 이 인생의 나날들에 본래 의미 같은 건 없어. **오늘도 누군가에게는 '좋은 날'이고 다른 누군가에게는 '나쁜 날'이 아닌가. '오늘이라는 날'에 본래적인 의미가 있다면 누구에게든 똑같은 날이 될 거야.**

코타로   지당하신 말씀입니다. 세상 사람 수만큼 다른 현실이 있으니까.

달관 씨   **인생에 의미 따위 없어. 인생에 의미를 주는 것이 인간의 할 일이란 거지.** 그럼, 이제는 알겠지? 부하를 컨트롤하고 싶다고 생각하면 부하를 컨트롤할 수 없는 이유가. 부하는 '이미 컨트롤되고 있다'는 것을 알아두도록.

코타로   아…, 아직 잘 모르는 것 같습니다.

달관 씨   어떻게 이리도 멍청할 수 있어? 어떤 일에 의미를 부여하는 것이 인간의 일이 아닌가? '좋아!'를 먼저 결정하고 그 다음에 좋아하는 이유를 찾는다. '싫어!'를 먼저 결정하고 그런 다음에 이유를 찾는다. 다 똑같잖아. **'컨트롤이 안 돼!'라고 미리 정한 다음 그 이유를 찾을 뿐이야.** 먼저 '이미 컨트롤되고 있다'라 믿고 그런 다음에 이유를 찾으면 그만이야. 그러면 컨트롤되는 이유라도 얼마든지 찾을 수 있으니까. 부하를 먼저 믿어보는 거야.

코타로   그 녀석은 도무지 컨트롤이 먹혀들지 않아요! 제멋대로 움직이고 말이야.

달관 씨   어라, **미리 결론을 내려놓고 있네.** '컨트롤이 안 돼!'라고 결정하고, '왜냐하면 제멋대로 움직이니까' '왜냐하면 주임이 통솔을 잘 못하니까' '왜냐하면 두 사원이 같은 마트를 방문하니까', 이런 말들이 쭉 이어지는 거야.

코타로   컨트롤이 잘 된다고 믿으면 컨트롤되는 이유를 정말로 찾아낼 수 있어요?

달관 씨   반드시 그렇고 말고. **인간님께서 미리 결론을 내려놓으면 뇌라는 놈이 아무리 사소한 증거라도 현실에서 찾아내고 말아.** 다른 유명한 뇌 실험인데, '나는 행복하다'라고 1천 번 중얼거린 피실험자가 거리를 걸어가면 뇌가 행복한 이유를 찾아내. 같은 거리를 '나는 불행하다'라고 중얼거리며 걸어가면 불행한 이유를 뇌가 잔뜩 찾아내지. 똑같은 길인데 보이는 풍경이 완전히 달라져. **미리 결론만 내려놓으면 뇌가 그 증거를 찾아내는 거야. 그러므로 먼저 부하를 믿고 보는 거야.**

코타로 '오늘 아침 상황은 컨트롤되어 있다.'

'오늘 아침 상황은 컨트롤되어 있다.'

'오늘 아침 상황이야말로 최선이다.'

'왜냐하면 이것저것 모든 게 컨트롤된 상황이니까.'

나는 달관 씨가 시키는 대로 중얼거리면서 창고를 나섰다. 내가 별관 계단을 오르는 도중에 3층 사무실이 조용해지는 것을 느꼈다. 나에 대해 이야기하고 있었던 듯 직원들은 어색한 표정으로 눈을 내리깔고 있었다.

코타로 주임, 잠깐만.

기우치 네, 팀장님.

코타로 아까는 주임 의견을 듣지 못해서 말이야. 혹시 주임으로서 어떤 의도가 있었던가?

기우치 옛날에는 현장 박치기 영업 때 겹치지 않도록 명부 관리를 했었습니다. 그런데 할당제가 되고부터 효율이 나쁩니다.

코타로 효율이 나쁘다는 건?

기우치 마트 납품 담당자가 너무 바빠서 찾아간들 만날 수 있을지 확실하지 않습니다. 그래서 명부를 작성해 시간 관리를 하는 것보다 끝나면 다음으로, 또 끝나면 다음으로 그냥 돌아다니는 것이 실적에 좋습니다. 경험적으로 이렇게 운영하고 있습니다.

코타로 그렇게 된 거구만…. 그런데 중복된 경우는?

그때 아카무라가 큰 소리를 내며 사무실로 들어섰다.

아카무라 주임님, 에이코 마트에 신규 주문 받아냈습니다! 어, 근데 무슨 일이죠? 다들 고개를 푹 수그리고 계시고.

거래처를 들러 출근하는 탓에 아침 미팅에서 내가 화내는 모습을 보지 못했던 아카무라는 어색한 분위기도 파악하지 못한 채 들뜬 표정이었다.

아카무라 역시 해봐야 한다니까요. 무슨 일이에요, 다들 아래만 내려다보고.

코타로 아카무라 씨, 에이코 마트 어떻게 따냈어?

아카무라 어제, 오전에 오노 씨가 가고, 오후에 가야마 씨가 갔다는 이야기를 듣고 무슨 텔레비전 드라마 같다는 생각을 했더랬어요. 세 번째는 된다는 말이 있잖아요? '두 번 있었으면 세 번째도 있다'였던가? 뭐, 아무래도 좋긴 하지만. 아무튼 어떤 직감이 들어서 아침에 가봤어요. **어떻게든 되겠지 했더니 정말 어떻게 되어 버리더라고요!**

코타로 어제 두 번 찾아왔다면서 불만을 표했던 거래처야.

아카무라 아, 그건 계산대 파트타임 아줌마였다고 해요. 납품 담당자는 정말 좋은 사람입니다. 덧붙여서, 상설 코너도 확보했습니다!!

코타로 주임…. 오늘 아침 미팅에 아카무라 씨가 안 온 이유가 별건이라고 하지 않았던가?

기우치 죄송합니다. 아카무라한테서 아침에 메일이 왔기에 해보라고 사인을 보낸 건 접니다.

코타로 우연히도 결과가 좋긴 하지만…. 주임은 직원들 움직임을 정돈할 생각이 있기나 해?

기우치 막 주임이 되었을 때는 있는 힘을 다해 움직임을 파악하려고 했습니다. 그렇지만 **정돈을 하려 해도 정돈이 되지 않는 겁니다. 그래서 '이미 잘 정돈되어 있다'라고 믿기로 했습니다.** 말로는 잘 설명하기 힘들지만 눈앞에서 벌어지는 곤란한 상황을 '이것도 이미 예상하고 정리한 상황이다'라고 믿어보았습니다. 그랬더니 매일 일어나는 일들이 눈에 '잘' 보이는 겁니다. 그때까지는 이런 나의 사소한 가치기준만으로 '나쁘다'라고 판단했던 '일'이 믿어보니까 '좋다'로 바뀌어 버리기도 합니다. **곤란한 상황이 보기에 따라서는 '찬스'였던 것입니다.**

코타로   곤란이라 생각하지 말고, 찬스라고 '세상'을 바라보는 눈길을 먼저 바꾸면….

기우치   부하들은 늘 내가 예상하지 않은 행동으로 뒤통수를 칩니다. 그렇지만 아무래도 그게 나한테는 큰 보물이었던 것 같습니다. 그러니까 **'가르친다'는 것이 부하들을 믿지 않는다는 말이라는 것. 나의 '특정한 방식'만으로 이끌어가려는 행위.** 어느 쪽이 '올바르다'는 원칙은 사실 없는 것이고, 어느 쪽에서 바라보느냐는 관점만이 있다는 생각이 듭니다. 아, 너무 건방진 발언인가요. 죄송합니다.

코타로   아니, 오늘 아침의 나라면 잘 몰랐을 테지만, 지금이라면 어쩐지 알 것도 같아. 주임, 내가 미안해. 큰소리를 내서, 정말 죄송하네. 나의 방식만이 '정답'이 아니야. 자네들의 방식을 믿어주지 못해 미안하네. **컨트**

롤이란, 나만의 '정답'을 남에게 강요하는 행위의 우리
말이라는 사실.

기우치　팀장님, 실례지만 그게 다 우리말인데 말입니다.

코타로　컨트롤은 영어잖아.

　그 이후 어려운 상황이 일어났을 때 나는 '이 상태로 사실은 컨트롤되어 있다!'라고 믿기로 했다. 언뜻 보기에 문제가 일어난 상태이므로 그 상황을 '컨트롤되어 있다'라고 믿는 데는 용기가 필요하다. 그렇지만 '컨트롤되지 않았다'라고 먼저 결론을 내리고, '왜냐하면…'이라는 부정적인 이유를 쭉 나열하는 것보다 훨씬 더 잘 해결된다는 사실을 나는 경험적으로 알고 있다. 무엇보다도 부하에게 특정한 '정답'을 강요하지 말고 **부하의 '정답'에 나를 맞추어 가면 상황을 잘 아우를 수 있다.** 내 한 몸을 지키기 위해 부하를 꾸짖고 말았던 나였지만, 불만전화는 고객 쪽에서 취소하는 꼴이 되어 임원회 보고사항에서 탈락했다. 이것도 컨트롤하려는 마음을 먼저 그만두었기에 상황이 컨트롤된 좋은 사례일 것이다.

달관 씨가 건네는 최소한의 참견

부하가 저지른
실수야말로
'정답'일지도
모른다.

상대를 컨트롤하려 하지 말고,
이미 그 상태로 '컨트롤되어 있다'라고 믿을 때
비로소 컨트롤 할 수 있는 능력을 되찾을 수 있다.

제 12 화

중대한 실수를 저질렀을 때

용서할 때까지 실수는 반복된다

5.0%

'당신이 회사를 그만두고 싶을 때는?'
《@DIME》설문결과

스노보드를 좋아하는 나는 도쿄에 있을 때도 한 해 한 번은 홋카이도에 갔다. 홋카이도의 가루눈에 비한다면 니가타의 눈은 아주 무겁고 진득하긴 하지만 둘 다 순백이라 그 색감에는 별 차이가 없었다.

그 겨울도 도시 상공으로 흘러들어온 구름은 천천히 시간을 들여 지면을 자신과 똑같은 백색으로 바꾸어버리더니 나 몰라 하며 알프스 저편으로 사라졌다. 눈앞이 새하얗게 변했다. 그러나 그것은 내려쌓인 눈 때문이 아니었다.

기우치   팀장님, 큰일 났습니다. 납품전표 기재 오류가 발견되어 지금까지 거래가 모두 무효가 되어버릴지도 모릅니다.

중대한 오류를 일으켰을 때, 말 그대로 눈앞에 새하얗게 변하고 마는 경험들은 해보았을 것이다. 주임에게 보고를 받은 순간 내 시야에도 색이란 색은 하나도 남지 않았다.

코타로 어?

기우치 소비세 기재 방법이 잘못되었을 가능성이 있습니다.

코타로 이, 일단 직원들을 전부 불러들여 옛날 전표를 전부 체크해보도록 할까.

저녁 8시여서 주임과 나 말고는 모두 퇴근한 상태라 참으로 긴박했다. 내가 신입사원 때는 핸드폰이 없었기에 무슨 일이 벌어지면 자택전화가 울렸다. 지금은 사원과 하나로 연결해주는 핸드폰이 있어서 부하들을 바로 불러들일 수 있다.

가야마 휴우…, 이것으로 겨우 지난달까지의 체크는 종료. 5시간 애를 써서 겨우 한 달치… 지난 전표를 전부 체크하려면 일주일은 걸릴 거야.

오노 가야마 씨, 나, 이제 집에 가고 싶어요. 벌써 새벽 3시가 넘었어요.

내 눈앞은 아직도 새하얗지만, 마음은 바깥 하늘처럼 '칠흑'이었다.

가야마 허참, 사다미츠는 왜 아직도 안 왔어!

아카무라 가야마 선배, 어쩔 수 없잖습니까. 사다미츠의 와이

프가 임신 중이니까요. 아이도 아직 너무 어리고요.

가야마   아이가 있으니까 돌아가도 좋다면, 그건 말이 안 되지. 독신이라도 나름 하고 싶은 일이 있다니까.

불평을 늘어놓는 직원, 신음하는 직원, 피로가 한계에 달한 듯이 보여 나는 바깥 자판기로 커피를 뽑으러 갔다.

자판기까지 눈길을 사박사박 밟고 가는데 어둠 저편에서 여자 목소리가 들려왔다.

코다   이렇게 늦은 시간까지 뭘 하고 있어?

코타로   우왓! 사람 놀라게 좀 하지 마세요. 유령인 줄 알았잖아요.

코다   유령? 그쪽이 훨씬 인간답지 않게 보인다니까 그러네. 벌써 3시?

코타로   아줌마는 어떻게 이런 늦은 시간에?

코다   늦은 시간이라니. 우리는 이런 새벽에 출근해서 각층 청소를 시작해. 사무실에 사람이 있으면 청소를 할 수 없으니까.

코타로   아, 이렇게 이른 시간에 출근하시는군요. 수고가 많으십니다. 죄송합니다. 3층 영업부는 오늘 청소하지 않아도 됩니다.

코다   그럴 수는 없어. 청소하지 않으면 나중에 우리만 야
      단을 맞는다구. 잠시 자리 좀 비워줄래? 당신들 때문
      에 청소를 할 수 없으니까.

오히려 사원들을 밀쳐내려는 아줌마의 억지스런 자세가 어쩐
지 가슴을 시원하게 해주었다. 눈앞에 닥친 사태를 심각하게
받아들이는 나에게, 그런 문제따위 청소보다 중요하지도 않다
고 말하는 것 같아 마음이 푸근해져서 일 것이다.
  **애당초 심각함이란 당사자 스스로 만들어낸 환상에 지나지 않
는 것**이라 빗자루로 쓸면 날아가버릴 만큼 가벼운 것인지도 모
른다. 물론 그날 밤의 문제는 나에게 환상이라고 생각할 수 없
을 만큼 무거운 것이었지만.

코타로 업무에 약간 착오가 있어서요. 아직도 시간이 좀 걸
      릴 것 같은데.
코다   뭔데, 그 착오라는 게? 누가 죽기라도 했어?
코타로 아, 아뇨. 설마 사람이 죽기라도 했으려구요.
코다   안 죽었으면 됐지 뭐. 방해되니까 빨리 돌아가.
코타로 사람이 죽지는 않았지만 회사 입장에서는 중대한 일
      이에요.
코다   회사 입장에서 중대한 착오? 당신 바보 아냐? 회사

하고 사원, 어느 쪽이 소중해? 이렇게 늦은 시간까지 부하들을 잡아두는 거야말로 중대한 판단 착오 아닐까? 부하들이 불쌍하구만.

그 말이 내 속의 뭔가를 툭 건드렸다.

코타로 상사로서 어쩔 수 없는 판단입니다.

코다 당신 부하들 얼굴만 봐도 바로 알아. **상사가 심각해하니까 실수를 두려워하는 거 아닌가?** 저래서는 금방 또 실수하고 말 거야.

코타로 제가 부하들의 착오를 일으키게 하는 원인이라고요?

코다 당연하지. 잘 들어. 어린아이는 자주 실수를 하잖아? 유리창을 깨기도 하고 우유를 쏟기도 하고. 왜 어린아이는 늘 그런 잘못을 저지를까?

코타로 아직 미숙한 나이니까요.

코다 아냐. **어린이아가 잘못을 많이 저지르는 것은 주변 사람들이 그 잘못을 용서해주니까 그러는 거잖아.** 우유를 쏟아도 엄마는 용서해준다고. 침대에서 떨어져도 아빠는 그냥 웃고 말고. 주위에서 실수를 허용해주니까 어린아이는 많은 잘못을 저지를 수 있거든.

코타로 그럼 용서하지 않아야 하는 겁니까? 웃으며 용서하니까 잘못을 저지른다면서요?

코다 허참, 정말 바보네. 어른이 우유를 안 쏟는 건 무엇 때문?

코타로 성장해서 손이 많이 커졌으니까요.

코다 전혀 아냐. **어른이 우유를 쏟지 않는 것은 어릴 적에 자주 우유를 쏟아보았기 때문이야.** 지금 내가 한 두 이야기를 겹쳐서 생각해 봐.

코타로 그러니까 어린아이가 잘못을 저지르는 것은 주위 사람들이 허용해주기 때문이잖아요. 그리고 실패하지 않는 것은 많이 실패해보았기 때문이구요.

코다 봐. **웃으면서 잘못을 용서하는 어른의 사랑이 어린아이의 그 다음 잘못을 줄어들게 하잖아.** 당신은 지금 실수를 '용서하지 않는다'라는 심각한 태도로 부하를 대하니까 부하가 다시금 실수를 범하고 마는 거야.

코타로 실수를 용서하면 실수가 일어나지 않는다구요? 사태의 심각함을 알려주기 위해서라도 화를 내야 하고 그래야 실수가 줄어들 것 같은데요.

코다 절대로 안 줄어. **실수를 용서해줄 때까지 어린아이는 실수를 계속 해.** 그것은 마치 '엄마, 나를 봐'라고 말하는 어린아이 같은 상태인 거야.

코타로 그렇지만 내가 부임한 지 아직 1년도 되지 않았는데 부하들은 벌써 세 번이나 실수를 했다니까요. 처음 두 번은 이번처럼 화를 내지 않았지만, 다시 실수가 일어났습니다. 다시 말해 '실수를 용서하면 실수가 줄어든다'라는 말은 틀렸다구요.

코다 어머니 사랑이 부족해서 그래. 우유를 쏟는다고 아이를 감옥에 집어넣을 것 같아?

코타로 그 정도로 심각한 실수는 아니잖아요.

코다 그래. 우선 부모 자신이 '이 실수는 별것도 아니다'라고 생각하지 않으면 어린아이에게 전달되지 않아. 당신은 처음 두 번 실수를 용서했다고 생각해도 당신 태도에 '심각함'이 배어나왔을 거야. 그걸 부하들이 느끼게 돼서 다시 실수를 하게 된 거지.

코타로 그렇지만 이번 실수는 정말 심각하거든요?

코다 당신이 그렇게 생각한다는 거지? **그렇기 때문에야말로** 다음에는 더 심각한 실수를 일으키게 된다는 거야. 컵을 깨도 봐주지 않는 어머니의 주의를 끌기 위해서는 유리창을 깰 수밖에 없지.

코타로 실수를 해서 상사의 주의를 끌려는 사원이 있다면 잘라버리면 되지요.

코다 그렇다면 전국의 월급쟁이를 잘라버리지 않을 수가 없겠구만. 누구나 다 그래. 실수를 범하는 건 아직 실수를 용서받는 감각을 갖지 못해서야. **어떤 실수를 일으켜도 용서해주는 거야.** 그 정도 기백이 없으면 상사가 되어서는 안 돼.

코타로　그렇지만 이번 실수만큼은….

코다　그래서 도대체 어떤 실수길래 그래?

코타로　아줌마한테 말한들 무슨 소용이 있겠냐만, 이 전표에 소비세를….

코다　아, 본 적이 있지, 그 전표. 내가 맨날 쓰레기통에 버리는 전표잖아.

코타로　에? 에? 이거, 쓰레기통에 버린 적이 있다는 겁니까?

코다　영업2팀 팀장 책상 아래에 자주 떨어져 있던데? 늘 버리는 거야, 그거.

코타로　예? 지금 우리는 이 전표의 소비세 난을 전부 체크하고 있는데 영업2팀은 전표를 버린다고요? 이건 납품한 증거로 보관하지 않으면 안 되는 겁니다.

코다　**자꾸 똑같은 말하게 하네. 이거 그냥 버린다니까.** 3년이나 이 층을 청소하는데 문제가 된 적은 한 번도 없었어.

코타로　허참, 영업2팀의 업무 방식을 의심하지 않을 수 없네, 이거.

코다　그쪽 팀장은 당신하고는 달리 그릇이 아주 커서 이런 데는 신경도 안 써. **없으면 없는 거지, 어떻게든 해결이 되는 거라니까. 실수를 심각하게 받아들이니까 실수가 기운을 타고 활개를 치잖아.**

코타로   잠깐, 지금 그거 명언이거든요, 아줌마.

코다   그랬어? 다시 말해 줄까? 흠, 그러니까, 뭐라고 했지?

코타로   무슨 느낌이 좋은 말을 하긴 했는데. 빨리 기억해보세요!

코다   기억이 잘 안 나긴 하지만, 세상은 보는 사람 나름이야. **심각하게 바라보는 사람에게 심각한 듯 보이는 것일 뿐.** 별것도 아니라 생각하면 실제로 별것도 아닌 느낌이 드는 거야.

코타로   그렇지만 실제로는 그렇게 안 되거든요. 처음 보고를 받았을 때는 심장이 멈추는 것 같았어요. 모든 것이 '끝났다'라고.

코다   어제 말이야, 옆 회사에서도 아주 중대한 실수가 일어났더랬어. 궁금하지 않아?

코타로   아뇨. 나하고는 아무 관계도 없잖아요.

코다   마찬가지야. **당신도 이 회사에 들어오기 전에는 이런 회사하고 아무런 관계도 없었지?** 우연히 지금 이 회사에 머물고 있을 뿐이야. 그런데도 '모든 것이 끝났다!'라고 허둥대잖아. 그냥 그만둬버리면 '관계없어,

그런 데하고는'으로 되돌아가는 거야.

코타로 **'회사가 모든 것이 아니다'라는 겁니까?** 당연히 입사하지 않았더라면 **나에게는 완전히 관계없는 사건이 어느 빌딩 속에서 발생해서 나하고는 아무런 관계도 없는 그대로 끝날 뿐일 테니까…**.

코다 그렇고 말고. 관계하기까지는 관계없는 일이니까. 그런데도 '모든 것이 끝났다'라 생각하고 목숨까지 버리는 사람도 있어. **목숨이 전부야.** '회사 문제' 같은 건 일부분에 지나지 않아. 아무튼 1팀 여러분, 빨리 자리 비워주세요.

따뜻한 커피를 부하들에게 나누어주고 오늘은 그만 돌아가라 지시하고 나만 회사에 남았다. 어둠이 가장 짙게 깔리는 새벽 3시에 대화를 나눈 상대가 이해관계가 없는 청소아줌마여서 정말로 좋았다. 업무로 얽혀 있는 사원과 대화했더라면 더 심각한 방향으로 흘러갔을 것이다. 실제로 청소아줌마 코다 씨에게 '전표에 소비세가 기입되지 않은 것' 정도는 아무래도 좋은 일인 것이다.

나는 담배를 피우려고 계단을 올라갔다. 니가타 시내가 한눈에 내려다보이는 별관 옥상에서 아직 누군가가 깨어있음을 알리는 증거로서 여기저기 빨간 불씨가 흔들리고 있었다. **'내 눈**

앞을 점령한 큰 문제'에 대해 아무런 관심도 없는 사람이 오늘도 이 세상 어딘가에 있다는 생각을 하니 즐거웠다. 그 사람들은 늘 나에게 가르쳐준다. '그 문제는 당신에게 심각할 뿐이야'라고. '모든 것'이 끝났다고 생각했지만, 내 인생은 고작 이 한 페이지를 '모든 것'이라 할 만큼 얄팍하지 않다.

태양이 떠오르고 검은 하늘과 하얀 거리만이 존재하던 흑백의 세상에 조금씩 빨간색이 스며들었다. 옥상에서 사무실로 돌아오니 새하얗기만 했던 눈앞에 색깔이 돌아오고 일찍 출근한 츠카야마 팀장이 비쳤다.

츠카야마 안녕하시오. 어쩐 일로 이런 아침 시간에?

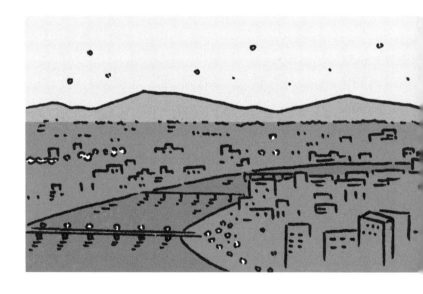

코타로 사실은 부하직원이 납품전표에 소비세를 기재하지 않은 실수를 저질러서요.

츠카야마 납품전표 같은 건 우리 과는 애당초 보관도 하지 않아. 뭐, 어떻게든 되겠지.

코타로 그게 정말이었어. 그렇지만 감사를 받을 때 실수가 발견되면….

츠카야마 코타로 씨. 무엇보다 우선 부하가 하는 일에는 '실수' 같은 건 있을 수 없는 거야.

코타로 거기 영업2팀 직원은 실수도 하지 않을 만큼 우수하다는 겁니까?

츠카야마 그런 말이 아니고. **부하가 한 일을 '실수'라고 부르는**

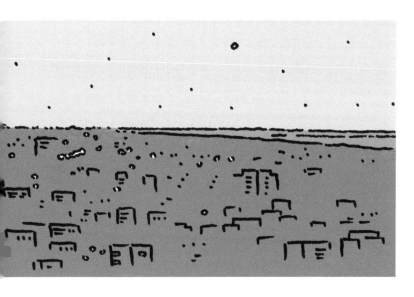

상사가 되고 싶지는 않다는 거지. 내가 그것을 '실수'라고 결정해버리면 부하는 어떤 기분이겠어?

코타로 무슨 말을 하고 싶은지는 잘 알겠지만 만일 회사에 3억 엔 손해를 입힌다 해도 그런 말이 가능할까요?

츠카야마 아주 귀엽잖아. 아마도 그 경험이 6억 엔 정도를 벌어들이지 않을까. **실수라고 생각하면 실수로 보이는 거지, 그걸 성공의 근원이라고 보면 이상하게도 그 징후가 나타나는 거야.** 아무것도 아냐, 어차피 벌거숭이로 태어났으니 잃을 것도 없지.

어젯밤 8시에는 눈앞이 깜깜했다. 모든 것이 끝났다고 생각했다. 그렇게 생각하는 순간 눈앞 풍경 모두를 그 '문제'가 점령하고 만다. 그럴 때는 조금이라도 '문제'에서 눈길을 돌리기 바란다. '도망칠 것인가!' '비겁자!' 머릿속에서 들려오는 소리를 무시하고 다른 방향으로 나아가야 한다. 회사에 들어오기 전, 당신은 그 회사와 관계가 없었다. 그 일을 선택하기 전, 당신은 그 일과 관계없었다. 모든 것이 끝났다고 생각했었는데, 목숨이야말로 모든 것이었다.

그 큰 사건은 그 작은 도시의 그 좁은 빌딩 그 얇은 서류 가운데서 일어난 아주 사소한 일이라 하고 싶은 듯, 오늘 밤도 별들이 그 작은 빌딩의 바깥을 크게 감싸며 반짝이고 있다.

덧붙여서 그로부터 몇 년이나 흐른 지금도 미츠이상사 영업부가 납품전표 건으로 당국에 지적을 받았다는 소식은 듣지 못했다. 하긴 설령 그렇게 되었더라도 츠카야마 팀장은 그것을 문제라고 생각하지도 않았을 테지만.

끝난 것은 없다.
목숨이
붙어있기만
한다면.

당신의 그 실수를 웃어버릴 수 있는
'관계없는' 사람이 세상에 있고,
회사 빌딩 바깥에서는
오늘도 별이 아름답게 반짝인다.

제 13 화

야근에 시달려 너덜너덜해졌을 때

일하다 죽으면 무슨 소용인가

13.7%

'당신이 회사를 그만두고 싶을 때는?'
《@DIME》 설문결과

오직 월급쟁이만 맛볼 수 있는 일이 있다. 한 해 한 번 사원들이 초조하게 발을 구르며 기다린다. 바로 부서 이동 발표를 하는 날이다. 누구든 마음이 수런댈 수밖에 없는 그 현실이 '직장 고민은 거의 인간 관계'라는 사실을 여실히 말해준다.

미츠이상사 정기이동은 4월. 그 한 달 전부터 내정서가 인사부 게시판에 나붙는다. 나는 상사로서 조금 빨리 알았지만 2월 말까지 부하직원들은 수런대고 있었다.

가야마 아마도 다음 정기이동 때 총무차장이 부장으로 승진할 거야.

오노 엉? 가야마 선배는 알아요?

가야마 응. 조금 위쪽으로 연줄이 닿아 있어서.

의기양양한 사원의 예상이 남김없이 빗나가는 것도 월급쟁이가 늘 자기는 안다고 주장하는 '어떤' 연줄 정보 때문이다. 가야마의 예상은 내 손에 있는 정보와 완전히 달랐다.

가야마	그래서 말이야. 우리 기우치 주임이 판매부로 이동하는 거야. 승진이지.
아카무라	예? 싫어요. 기우치 주임이 가버리면 우리 팀은 절대로 돌아가지 않아요.
가야마	그렇지만 어쩔 수 없잖아. 주임은 야근을 120시간 넘게 하니까 '빨리 관리직으로 보낸다'는 게 회사 쪽 뜻이라는 것 같아. 관리직한테는 잔업수당을 안 줘도 된다나.
오노	어라? 그렇다면 가야마 씨가 후임으로 주임 승진하는 거 아닌가요?
가야마	그건 글쎄.

가야마는 무슨 영문인지 나를 바라보았지만, 난 있는 힘을 다해 웃음을 참으며 시큰둥한 표정으로 파일을 들고 자리에서 일어섰다. 임원과 업무 조정을 위해 본관으로 향하는 길에 조금 시간이 남아 수리보수과 휴게실을 들렀다. 웬일인지 달관 씨는 자리에 없었다. 가까운 곳에 전등이라도 갈아주러 갔을까. 나는 창고를 둘러보았다.

벌써 몇 번이나 방문한 이 건물이건만 구석진 곳에 난 작은 문 하나가 문득 시야에 들어왔다. 무슨 잘못된 짓을 한다는 생각도 없이 그냥 문을 열어보니 거기에 수많은 책들이 늘어져

있는 게 아닌가. 철학서, 심리학서, 시집, 니체, 선(禪) 해설서에 위인전기. 이름뿐인 '사원도서실'의 수량을 훨씬 넘어서는 책에 놀라고 말았다. 내가《구카이(空海)의 모든 것》이라는 책을 집어 들었을 때 입구에서 소리가 들려왔다.

달관 씨 어떻게 들어왔어?

코타로 아, 예, 그러니까 ….

달관 씨 이걸 본 이상, 좀 죽여줘야겠구만.

코타로 뭐라고요! 무슨 공포영화라도 찍어요?

달관 씨 하하, 농담이야. 빌리고 싶은 거라도 있는가?

코타로 달관 씨가 늘 심오하고 논리적인 말로 저한테 많은 깨달음을 주었거든요. 그게 바로 이런 방대한 지식을 기반으로 한 사상 때문이었어요.

달관 씨 책 같은 데는 관심도 없었더랬지. 나는 그냥 기계를 매만지면 행복했을 뿐이야. 그렇지만 책을 읽지 않고서는 배겨낼 수 없는 일이 일어난 거야.

코타로 무슨 일이?

달관 씨 이 이야기를 일단 들으면…, 여기서 죽어줘야 하는데도 괜찮을까?

코타로 아까부터 이상한 만화 개그 같은 거 그만 좀 두세요. 좋아요, 목숨을 걸고 들어볼게요.

달관 씨 목숨을 걸 건까지는 없고. **인생에 목숨을 거는 인간이기를.**

그렇게 말하고 달관 씨는 저녁 햇살을 가리려 블라인드를 내렸다. 어느 사무실에서 사용하던 물건일 것이다. 낡고 구부러진 그 틈으로 저녁 햇살 몇 줄기가 사무실 안으로 파고들었다. 길죽하고 시커먼 그림자, 기다란 막대기 같은 빨간 빛줄기, 검은 그림자, 붉은 저녁노을. 지면에 비친 노트 칸에 글자를 써넣듯 천천히 입을 열며 이야기를 시작하는 달관 씨.

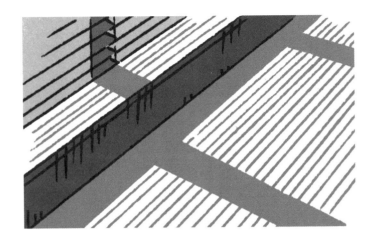

달관 씨 나한테 말이야, 딸이 하나 있어. 자동차를 같이 만질 수 있는 사내애를 원했지만, 뭐 딸도 나름 귀엽고 사랑스러워. 나를 닮은 탓에 좀처럼 결혼상대를 만나지 못하다가 선을 보고 아주 성실한 사위를 만났지.

코타로 딸을 시집보내는 그 마음, 정말 힘들었겠어요. 저도 언젠가는 그런 기분을 맛보게 될 것 같아요. 벌써 눈물이 나려고 하네요.

달관 씨 울기에는 너무 일러! 이건 눈물 나는 그런 이야기가 아니야. 딸 결혼은 나한테는 참 쓸쓸한 일이었지만 아들이 하나 생긴 게 정말 기뻤지. 그 놈은 차에 대해서는 아무 관심도 없으면서도 나랑 같이 밤늦게까지

엔진 부품을 만지곤 했었어. 손에 기름을 잔뜩 묻히고 아침 일찍 은행으로 출근하기도 했더랬지.

코타로 은행원이네요. 그건 그렇고, 여기 참 좋은 회사입니다. 사원 가족을 구내에 들여 주기도 하고 말이죠.

달관 씨 옛날에는 어느 회사도 가족을 소중하게 여겼더랬어. 어느 해, 도쿄의 증권회사에 2년 출장 근무를 가게 되었어. 가족회의를 한 끝에 딸을 남겨두고 단신부임하기로 했지. 딸은 임신 중이었어.

코타로 니가타에서 도쿄로. 나하고는 정반대네요. 혹시… 사위가 도쿄에서 바람피운 거 아닙니까? 저기요, 고탄다 언저리에 가면 이쁜 애들이 버글버글하거든요.

달관 씨 바람 정도면 좋은 거지. 나한테 사죄하러 오면 한 대 쥐어박을 수라도 있잖아. 그렇지만 그 녀석 말이야, 두들겨 패줄 수도 없게 되었어.

코타로 …….

달관 씨 외국계 증권회사라 실적 올리려고 있는 힘을 다했던 거야. 한 달에 100시간 야근은 당연할 정도로. 그게 200시간을 넘어섰을 때 스스로 목숨을 끊고 말았지.

코타로 한 달에 200시간이라면 매일 새벽 3시까지….

달관 씨 그 이후로 나는 미친 듯이 책을 읽기 시작했어. 다시는 월급쟁이를 자살하게 만들지 않기 위해서. '이상'

이라고 말할지 모르겠지만, 어떤 방법이 있을지도 모르겠다고. 더는 죽지 않아도 되는 그런 철학이. 그런 이상이. 그런 방법이. 있을지도 모르잖아. 그게 말이야, 죽는 사람도 불행하지만 남은 사람도 불행해.

코타로 그래서 이렇게 수많은 책을….

달관 씨 잘 들어, 코타로. 자네가 우리 회사에 온 4월에 내가 처음 이야기한 것 기억해?

코타로 처음 왔을 때 말이죠…. 그러니까, 미안합니다. 벌써 1년이나 지난 일이라.

달관 씨 유일한, '이 세상의 룰'이라고 하면서 같이 외치지 않았던가.

코타로 아, **'세상'은 그 사람이 믿는 대로 보인다**는 말.

달관 씨 그렇지. 바로 그거야.

코타로 **'왜냐하면 세상은 어떻게 됐든 나에게 보이는 것이므로'**라는 가르침. 모든 것은 '세상'과 '나'의 관계성에서 일어난다. 그러므로 **'세상'을 바꾸어도 그 환경으로 '다가가는 사람'이 바뀌지 않으면 결국 똑같아지고 만다.** 그 이야기를 들은 다음 회사를 그만두고 싶어 하는 친구와 이야기를 나눌 때마다 전 말리는 편이 되었어요. 회사를 그만두어도 그 회사에 '가는 사람' 자체가 바뀌지 않으면 똑같은 문제가 일어난다고 하면

서요.

달관 씨 '사람'이 바뀌지 않으면 어디를 가든 세상은 바뀌지 않지. 다른 회사에 가도 똑같은 일이 일어날 거야. 그렇지만 말이야. 그런 방법론 따위 마음에 두지 않아도 좋은 단 하나의 예외가 있어. **죽을 정도라면 지금 당장 회사를 그만두어야 해. 도망치는 거지.**

코타로 그럼요. 죽으면 말짱 도루묵이라구요.

달관 씨 **어쨌든 살아야 해.** 누가 뭐라 하든 살아야 해. '천국이 있습니다'라고 누가 속삭인다 해도 살아야 해. 눈앞이 새하얗게 변해서 모든 것이 끝난 듯 보여도 살아야 해. '이 회사를 그만두어도 다음 직장에서도 똑같은 일이 일어난다'라고 해도 살아야 해. '우주에서 단 하나의 룰'이라고 해도, 나 같은 놈이 협박을 해도 무조건 살아야 해. 살아 있으니까 세상의 룰을 돌릴 수 있는 것이지.

아무리 심오한 가르침을 펼칠 때도 장난스런 웃음기를 지우지 않던 달관 씨 얼굴에 웃음기가 없었다. 처음 보는 그 표정에 코타로는 도무지 입이 떨어지지 않았다.

달관 씨 잘 들어, 코타로. 나는 인생을 잘 이끌어가기 위한 여

러 가지 방법을 자네한테 말했지만, 전부 거짓말이
야. 여기 있는 무수한 책에 쓰인 성공법칙도 전부 거
짓말이야. **인생을 보다 좋게 할 필요는 없어. 인생이
란 그 자체만으로도 이미 합격이니까.**

코타로   사람[人]이 산다[生]고 해서 '인생'이라…

달관 씨   **자네는 지금 살아 있어. 그것만으로 이미 어떤 책보다
도 어떤 가르침보다도 멋진 것이야.** '그렇게 해' '이렇
게 해'라는 모든 방법론이 어떤 협박을 하더라도, 그
런 방법론 따위 자신의 생명에는 비할 바 없는 거야.

코타로   그러고 보니 앞으로 '인생'에서 어떤 착오가 일어나
더라도 모두 용서할 수 있을 것 같아요.

달관 씨   그렇지. '올바른 것' 따위 애당초 없어. '해야 할 것'조
차 하나도 없어. 그냥 살아 있는 거야. 그래, '인생'만
이 올바른 것이지.

코타로   그렇지만 천국에 있는 사위도 지금 엔진 기어를 매만
지고 있을 겁니다.

달관 씨   그럼 얼마나 좋을까…. 이것도 기억해둬. **죽음에 대해
말하는 녀석들은 모두 거짓말쟁이라는 사실을. 어떤
성자라고 해도, 어떤 학자라고 해도, 아무리 위대한
사람이라 해도 죽음에 대해 말하는 녀석들은 모두 거
짓말쟁이야.** 그렇잖아. 그렇게 말하는 그 자식은 지

금 살아 있잖아.

코타로 그래요. 거짓말쟁이지요.

달관 씨 죽음에 대해 말하는 그 녀석에게도 생명만이 가장 멋들어진 것인데 말이지.

코타로 그럼요. 살아 있는 사람이 죽음에 대해 말하는 건 이상해요. 모두 살아 있으니까 아무도 죽음을 모르는 것 아니겠어요. 말씀한 대로 죽음에 대해 말하는 사람은 모두 거짓말쟁이입니다. 그렇지만 천국이 있다고 믿고 싶지 않습니까?

달관 씨 그건 살아 있는 사람이 믿으면 그만이야. **죽음은 언제나 살아 있는 사람의 입에서 나오는 것이니까.** 죽음 그 놈은 이미 우리의 말 속에서만 살아갈 뿐이야. 그러므로 '죽은 사람이 지금쯤 웃으며 즐기고 있을 거야'라고 살아 있는 사람의 입으로 말해주는 건 아주 좋은 일이지. '고통스럽게 죽었을 거야'라고 말하는 것보다는. 그러니 코타로, 고맙네. 자네가 말한 대로 우리 사위도 지금쯤 웃고 있을 테지. 살아 있는 사람이 그렇게 말해주길 바라. 그런 거지. 죽음은 늘 살아 있는 사람이 말하는 것이니까. 더 좋은 방향으로 죽은 사람을 말해야 하겠지.

코타로 그러네요. 죽은 사람을 말하는 건 살아 있는 사람

뿐…. 지금이라면 '그 사람은 당신 마음속에서만 살 아있다'라는 《성경》의 말을 이해할 수 있겠군요.

달관 씨 코타로…. 어쩌다 분위기가 좀 어두워지고 말았는데, 내가 하고 싶은 말은 이게 다야. 이 이야기를 전부 듣고 말았으니… 약속대로 좀 죽어줘야겠어.

코타로 여보세요. 하는 말이 모순된다는 거 몰라요! 살아 있는 것만이 진리라면서!

달관 씨 넌 지구 환경을 위해서라도 죽는 편이 좋을 것 같아. 수많은 책을 통해 얻은 나의 지식에 따르면 말야.

코타로 살 거예요!

달관 씨 각오해!!

임원실에서 보고를 끝내고 사무실로 돌아오니 기우치 주임이 남아 있었다.

코타로 주임, 오늘은 돌아가도록 하게.

기우치 그렇지만 총무부에 제출할 결산 설명 자료 마감이 내일입니다.

코타로 내가 자료 없이 설명하도록 하지.

기우치 그렇지만 그럴 수는….

코타로 업무 지시야. 돌아가도록 해.

기우치 팀장님 혼자 남겨두고 갈 수야 없죠.

코타로 여기가 무슨 전쟁터라도 되는 줄 알아?!

그날 미츠이 사장이 그랬었다. 혼자서 거래처로 향하는 그 모습을 통해, **부하보다 앞서서 나서야 하는 것이 상사의 임무**라는 것을 나는 알았다. 회사에서 작성하는 거의 모든 자료가 '상사가 곤란하지 않도록' 두세 걸음 앞서 부하가 마련하는 만일을 위한 것이 많다. 지난번 회사에서는 깨닫지 못했지만, 이 무슨 서글픈 현실이란 말인가.

부하에게 걱정 끼치지 않아도 난 혼자서 어떻게든 버틸 수 있다. 그렇다. 나는 훌륭한 '상사'이니까.

달관 씨가 건네는 최소한의 참견

더 잘 살려고 하지
않아도 괜찮아.
살아 있다는
자체만으로도
이미 합격이니까.

어떤 가르침도 정의감도
'살아가는' 것보다는 2차적이다.
왜냐하면 모든 것은
'살아가는' 것을 위한 가르침이니까.

제 14 화

개인 사정과 회사 업무가 충돌할 때

가족의 일도 회사에 알려두라

1.3%

'당신이 회사를 그만두고 싶을 때는?'
《@DIME》설문결과

드물게도 영업부 사무실이 적막에 감싸였다. 아침부터 들떠 있던 가야마가 오후 3시에 나붙은 공고문을 보고 침울해져버렸기 때문이다. 오로지 홀로 큰 목소리를 자랑하던 분위기 메이커가 입을 다물어버리자 평소에는 들리지도 않던 에어컨 소리도 잘 들렸다. 어느 회사에도 있을 터인 목청 큰 사람 때문에 자신의 주장을 펼치지 못하던 사원들의 목소리에 귀를 기울이기에 정말 좋은 타이밍이다.

가야마 도무지 일할 기분이 안 나.

오노 우리 부에서는 아무도 이동이 없잖아. 다행이야, 아카무라. 기우치 주임이 남아서.

아카무라 네, 정말 기뻐요.

가야마 하나도 안 좋으면서 왜 그래?!

오래 있다 보니 나도 부하들의 사소한 변화를 알 수 있게 되었다. 달관 씨 덕분에 '물건'으로 존재하던 부하를 '사람'으로 볼 수 있어서일 것이다. 회의실로 부르면 다른 사원들 눈치를 보게 될 것 같아 나는 일부러 휴게실에서 아카무라가 차를 타러 나타나기를 기다렸다.

코타로 왜 그래, 힘이 없어 보여.

아카무라 사실은 부서 이동을 바라고 있었거든요.

코타로 엉? 그랬어? 그렇지만 평가서에는 이동하고 싶지 않다는 난에 동그라미가 쳐져 있던데.

아카무라 이동란에 동그라미를 치는 게 좀 미안해서요.

정기이동 한 달 전에 본인의 희망을 적은 의향서를 제출하도록 한다. 아카무라 씨는 '지금 자리에 만족한다'에 동그라미를 치고, '이동하고 싶지 않다'에 동그라미를 쳤다.

코타로 그건 인사과에 제출하는 서류니까 솔직하게 적어야지. 그런데 왜 이동하고 싶어?

아카무라 사실은 저 임신했어요.

코타로 엉?

아카무라 잘 알아요. 무슨 말을 하고 싶은지. '결혼 안 했잖아'라고 할 테죠. 호적에는 곧 올릴 생각이에요. 그렇지만 비밀로 해주세요. 안정기에 들어갈 때까지 임신에 대해서는 말하지 않아야 한다는 것이 여직원 사회의

암묵적인 룰이거든요. 유산할지도 모르니까요.

코타로　그렇지만 축하할 일이니까 바로 말하는 게 좋은데.

　말로는 그러지만 상사 입장에서 부하의 임신에 대한 평가는 좀 복잡하다. 육아 때문에 휴가를 내도 인사과는 보충을 해주지 않는다. 간단히 말해 전력 하나가 줄어드는 것이다. 미츠이 상사는 대기업이라 육아휴가제도가 잘 되어 있지만 중소기업쯤 되면 임신하는 순간 그만두라고 하는 곳이 많다.

아카무라　영업부는 야근도 많고 외근도 해야 하니까요. 가능하다면 총무부나 경리부로 가고 싶었어요.

코타로　그랬구나. 그렇지만 올해 정기이동은 벌써 끝나버렸으니까 우리 직원끼리라도 도울 수 있도록 할게. 벌써 5시니까 아무튼 오늘은 퇴근하도록 해.

　내가 여기 파근 근무가 끝날 때까지는 임신하지 말아주었으면 하는 것이 솔직한 심정이다. 아홉 달째 휴가에 들어갈 테니니가타 출장 마지막 석 달 동안에는 전력에서 한 명이 줄어든다. 책임자로서는 머리가 안 아플 수 없다. '인간의 마음'과 '상사의 머리'가 내 속에서 투쟁을 벌이기 시작했다.

가야마　팀장님, 오늘은 수요일인데 배팅 연습 가실 건가요?

휴게실에서 얼어붙어버린 나에게 가야마가 다가와 말했다. 3월 셋째 일요일에 사원운동회가 열린다. 미츠이상사의 연례 행사이다.

수리보수과 휴게실도 그렇지만, 요즘 같은 때에 사원운동회라니. 도쿄에서는 들어보지도 못한 일이다. 그러나 여기서는 4월 인사이동을 앞두고 사원끼리 친목을 도모하기 위해 운동회를 열어서 이어달리기, 물건 나르기, 야구 등 부서끼리 대항전을 펼친다. 그래서 야구부 출신 가야마하고 일주일에 한 번 배팅센터에 가서 연습을 하는 것이다.

코타로　미안, 오늘은 야근을 좀 해야 해서. 먼저 가도록 해.

그렇게 말하고 나는 데스크로 옮겨서 머리와 마음의 투쟁 제2라운드를 시작했다. 수요일은 야근이 없는 날이라 6시에는 사무실에 아무도 없다. 두 발을 책상 위에 올리고 의자에 머리를 기댄 채 생각에 잠기려는 순간 츠카야마 팀장이 다가왔다.

츠카야마　요시미야 씨. 오늘은 배팅센터 안 가?

황망히 다리를 내리면서 대답했다.

코타로 아, 조금 할 일이 있어서요.

츠카야마 요시미야 씨가 진지하게 해주지 않으면 우리 영업부
가 지고 말 텐데. 제조부는 1년 전부터 그날을 위해
땀을 흘리고 있어.

코타로 1년 전부터라구요? 하하, 사원들의 교류가 목적이니
까 적당히 하는 편이 더 좋을 것 같은데요.

츠카야마 아니에요. 이건 사원끼리의 교류가 목적이 아니라 **가
족과 사원의 교류가 목적이라오.**

코타로 아, 그런가요. 난 또….

츠카야마 옛날에는 회사에 아버지를 빼앗기는 일은 없었으니
까. 아빠는 집에서도 아빠, 회사에서도 아빠였어. 회
사 회식 때도 가족이 참가하고 아이들도 직장에서 놀
곤 했지.

코타로 아, 옛날 영화에 나오는 그런 장면 말이죠. 직장에도
가족의 풍경이 짙게 비쳐나던 시대가 있었지요.

츠카야마 평사원 부인이 상사의 멱살을 잡고 흔들기도 하고 그
랬더랬어. 우리 남편 함부로 부려먹지 말라고.

코타로 그건 좀 대단하네요.

츠카야마 그렇지도 않아. 모두가 가슴을 턱 열고 대화를 하던

때였으니까. 지금보다 사람들이 고뇌하며 살지 않던 시절이었지. 그렇지만 언젠가부터 **회사에서 '가족'이 분리됐어.** 그것은 가족에게도 불행하고 회사에게도 불행한 일이야. 부부 대화가 이상해졌잖아? '난 바빠' '나도 바빠'라는 식으로. 서로가 서로의 생활을 모르니까 서로를 이해하지 못하는 거야.

코타로   아, 우리 집에서도 자주 그래요. '회사에 대해 뭘 안다고 그래!'라고 호통을 치고 끝내지요.

츠카야마   정반대여야 해. 회사에 대해 가족에게 알려두어야 한다니까. 그리고 **가족의 일도 회사에 알려두어야** 하고. 요시미야 씨는 부하의 얼굴을 볼 때 그 배경에 뭐가 보이지?

코타로   아우라 같은 거요?

츠카야마   아니야. 옛날에는 사원 얼굴 주위에서 그 가족의 얼굴이 보였어. 그러므로 상사는 자주 부하를 나무라고 그랬지. **그 사람은 누군가의 '아빠'이고 누군가의 '남편'이고 누군가의 '자식'이기 때문이야.** 그렇지만 지금은 사원의 얼굴 주위에서 아무것도 보이지 않아. 다시 말해 물건처럼 바라본다는 거지. 그러니까 마음대로 주무르는 거야. 쉽게 교환할 수 있다고까지 생각해. 업무 전력의 한 자리로만 바라본다는 거야.

마치 아카무라에 대해 말하는 것 같았지만, 이런 나에게도 반박할 스토리 같은 게 있다. 입사 3년째 즈음 나는 하루 목표량을 달성하면 5시 정각에 퇴근하곤 했다. 당시 상사였던 과장도 부드러운 사람이라 내 회사생활은 순풍에 돛을 단 모양새였다. 과장 자신은 밤 10시까지 야근을 하면서도 나를 웃는 얼굴로 보내주었고, 나는 당연하다는 표정으로 사무실을 나섰다.

그러던 어느 날, 과장의 내선전화를 착각해서 받았더니 수화기 저편에서 "아빠 오늘도 늦어?"라는 목소리가 들려왔다. 과장에게도 가족이 있었던 것이다. 그때부터 왠지 친근감이 솟아올라 나는 과장 일도 도와주기 시작했다. 츠카야마 팀장이 말한 대로 '그 사람은 누군가의 아빠'였던 것이다.

츠카야마 그러니까 결론적으로 요시미야 씨, 지금 당장 배팅센터로 같이 가. 이대로 가다가는 진짜로 지고 말 거야.

사원운동회 당일.

활짝 갠 멋진 운동장에서 사원들은 큰 소리를 질러댔다. 운동장에는 평소와는 전혀 다른 사원 모습에다 그 가족들의 웃음이 가득했다.

기우치 주임 딸이 저리도 귀여울 줄 알았더라면 120시간 이상 야근을 시키지 말았어야 했다. 또, 사다미츠의 아이가 저렇게나 어린 줄 알았더라면, '왜 회식에 안 와?'라는 말을 하지 말았어야 했는데…. 그날의 일을 사다미츠의 아내에게 사과하고 싶어 말을 걸려는 순간 사다미츠 부인이 내 멱살을 틀어잡았다.

부인   당신이 요시미야 팀장이지! 까불지 말라고!

순간 무슨 일이 일어났는지 알 수 없었다. 설마 진짜로 상사의 멱살을 잡는 부인이 있을 줄이야?! '가족을 만나보면 사원이 좋아진다'라고? 당장이라도 사다미츠에게 호통을 치고 싶었다.

부인   당신이 무슨 짓을 하는지 알아?

코타로 왜, 왜 이러세요? 부인 입장에서는 퇴근이 늦을지도 모르겠지만, 다른 직원들은 사다미츠보다 열 배는 야근을 합니다.

부인   그게 아니고. 아카무라 말이야!

코타로 아카무라 씨가 어떻단 말입니까?

부인   아카무라 지금 임신 3개월째야. 그런 사람을 외근으로 돌리다니, 생명이 소중하다는 거 알기나 해! 부러진 볼펜은 버리면 그만이지만 사원은 살아 있는 생명이라고!

사다미츠가 재빨리 우리 사이로 파고들어 부인을 살살 달래며 저쪽으로 데려갔다.

가야마 사다미츠 아내가 옛날에 일진이었다고 하더라구요. 아, 그리고 아카무라 씨, 임신했다면서요? 그런 건 빨리 좀 말해주세요. 제가 대신 돌아다닐게요.

코타로 나도 최근에서 알았어. 그래도 그렇지, 깜짝 놀랐네.

가야마 아, 처음으로 팀장님한테서 사람다운 말을 들은 것 같네요. 깜짝 놀라기도 하시네요. 팀장님도 오늘은 월급쟁이에서 탈피한 겁니다.

코타로　모두가 가족 속에 녹아드니까 나도 가족 모드로 전환한 모양이야.

가야마　그것 보세요. 좀처럼 인간적인 면을 안 보여주시더니, 지금은 그러고 있지 않습니까.

코타로　너 임마, 내일부터 나오지 마!

가야마　야구부 출신인데 나를 자르면 다음 경기에서 패할 텐데요.

사다미츠 부인 사건은 조금 받아들이기 힘들었지만, 그것 말고는 즐거운 운동회였다. 결과적으로 영업부는 8개 부서 가운데 5위라는 어중간한 성적을 거뒀지만, 시상대에 8위까지 자리가 마련된 걸 보고는 배를 잡고 웃었던 건 정말 좋은 추억이었다. 달관 씨가 만들었을 그 시상대는 그리 높지 않았다. 각 부서의 신입사원이 시상대에서 상을 타는 모양새였다. 자기 부서가 몇 등을 했든 다들 한없이 밝게 웃었다.

사원운동회에서 한 달이 지난 4월 어느 날, 두 번째 맞는 니가타의 봄 벚꽃 길을 걸어 퇴근하는 중이었다. 양호실에서 측정한 체온이 39도. 독감에라도 걸린 것 같았다. 쓰러질 듯 방으로 들어서서 양복 차림 그대로 기절하고 말았다. 몇 시간이나 지났을까. 현관 벨 소리에 의식을 되찾았다.

코타로　으…, 누구세요?

몽롱한 의식으로 현관문을 열자 사다미츠 부인이 서 있었다.

부인　팀장님. 괜찮아요?
　　　죽하고 된장국 가져왔어요. 이거 먹고 힘내세요.

　사다미츠 부인은 그렇게 말하고는 성큼 방안으로 들어와서 죽을 테이블 위에 놓고는 돌아가 버렸다.
　나는 그때서야 비로소 알았다. **마음으로 부딪쳐오는 사람에게는 나도 마음을 열고 맞이해야 한다**는 것을. 만일 그가 아카무라였더라면 '회사의 인간관계'이기에 방안으로 들어오지 못하게 했을 테고, 찾아온 것 자체를 꺼렸을 것이다. 그런데 아직도 사다미츠 부인에게는 아무런 거리낌이 없다. 감정적인 면에서는 오히려 싫다는 기분이 강해서 부담 없이 받아들일 수 있었다. 상대가 상대인 만큼 아마도 싫고 좋고의 감정 따위 아무래도 좋았을지 모른다. **그냥 내가 지닌 감정대로 사람을 만나느냐 아니냐는 것뿐이다.**
　내 멱살을 잡았던 사람이 만들어 온 죽이 목 아래 가슴을 따스하게 덥혀주었다. 시간이 흘러 도쿄로 돌아온 뒤에도 거리낌 없이 연락을 주고받는 사람은 사다미츠 부인뿐이다. 늘 화를

내기도 하고 울기도 하는 격한 감정의 기복이 전화선을 타고 내 가슴에 잘도 닿아온다.

사원을 '사람'이라 생각하려면 사원 주위에 나타나는 '사람이라는 증거', 바로 '가족의 얼굴'을 또렷이 새겨두어야 할 것이다.

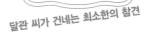

회사에 대해
많은 것을
가족에게 알리고,
가족 일을 더 많이
회사에 알리지 않으면
안 된다.

사람과 물건의 차이는 내 주위에
가족의 이미지를 떠올릴 수 있느냐 없느냐에 있다.
사원은 누군가의 부모이고 누군가의 남편이자 아내이며
누군가의 자식이다.

점심 상대가 없어서 외로울 때

나만의 편안한 여유를 만나라

2.0%

'당신이 회사를 그만두고 싶을 때는?'
《@DIME》 설문결과

2년의 파견 동안 니가타에서 먹은 지역 음식 맛을 오롯이 기억하고 있다. 공장 직원들을 포함해 800명 사원을 거느린 미츠이상사에는 당연히 사원식당이 있다. 그 가운데서도 사무아이 식당의 햄카츠 덮밥은 생각만 해도 침이 고일 정도로 그립다. 어머니 사무 씨와 딸 아이 씨가 일하는 곳이라 '사무아이 식당'이다. 음식 맛 때문이기도 하지만 독신사원은 대부분 아이 씨의 얼굴을 보러 몰려들었다. 최근에 인기 있는 어떤 여배우랑 많이 닮았다고 하던가.

가야마   어이 오노, 점심 어떡할 거야? 사무아이 갈까?

오노   오늘은 배달도시락 주문해뒀습니다.

가야마   정말 그랬어? 사다미츠는 사랑하는 부인님이 만들어주신 도시락이고…. 아, 주임님, 저랑 사무아이 먹으러 갈까요?

기우치   오늘은 아카무라하고 외근할 거야.

혼자서 데스크 위에 도시락을 펼쳐 먹으면서 컴퓨터로 야후

뉴스를 보는 것이 유일한 즐거움이었던 나는 재빨리 의자를 돌려 창 쪽을 바라보고 앉았다.

가야마　어라? 팀장님, 아침에 도시락 주문하셨습니까?

애석하게도 아침에 주문하지 않으면 받아먹을 수 없는 배달 도시락을 잊은 날이었다.

가야마　아침부터 임원실 보고가 있었죠? 주문하지 않으셨 죠? 사무아이 식당에 가시죠.

거절할 이유를 열심히 찾아보았지만 결국 실패하고 말았다.

가야마　아이 씨 안녕! 여전히 너무 예뻐.

코타로　가야마는 아이 씨가 좋아?

가야마　저만 그런 게 아닙니다. 독신사원 99%가 노리고 있 다구요. 이건 최근에 들은 말인데, 무려 핑크삭스까 지 노리고 있다는 겁니다. 기분 나빠요!

코타로　누군데, 핑크삭스라는 녀석이?

가야마　예? 팀장님은 삭스레인저도 모르세요?

코타로　몰라.

가야마　실버삭스(Silversax) 투자신탁이 재작년부터 부장 다섯 명을 우리 쪽에 보내지 않았습니까? 효율화! 영업강 화! 업무시스템화! 아주 시끄럽게 그런 지시를 해대지 않습니까.

코타로 우리 회사의 경영목표잖아! 아주 중요한 것들이야.

가야마 그렇지만 옛날부터 회사를 지키는 사원들 기분은 별
롭니다. 어느 날 갑자기 나타나서 회사 실정도 모르
는 주제에 지시만 내리고 말입니다. 아무튼 고참 사
원들은 그 다섯 명을 삭스레인저라고 부른다구요.

코타로 아, 그러니까. 파워레인저 같은 거지? 다섯 명이니까.

가야마 서열 톱이 우리 나베시마 영업부장이니까 블랙삭스,
시스템부 야마오 부장은 블루삭스, 인사부 이노우에
부장은 그린삭스, 판매부장은 레드삭스.

코타로 그러면 경리부 엔도 부장이 핑크삭스가 되겠네?

가야마 경리부 동기한테 들은 말인데, 무지 밝힌다고…. 그
렇잖아요, 차림새도 번쩍번쩍하잖아요. 쉰이나 먹은
사람이 크롬하츠 반지나 끼고 말입니다. 어으, 니글
거려!

코타로 자네, 상사한테 무슨 말이야, 그게.

가야마 누구도 그 다섯을 상사라고 생각하지 않는다니까요.
오로지 남은 희망이라고는 옛날부터 있던 부장 세 명
뿐입니다.

코타로 제조부하고 총무부하고 유통부 부장?

가야마 그럼요. 그 세 사람이 악의 삭스레인저를 무찌르는

우리의 갱단!

코타로 갱단이 우리 편? 어디가 선이고 악인지 도무지 알 수 없는 설정이잖아. 그런 재미도 없는 소문 퍼뜨리지 말고 일이나 해, 일.

아이 음식 나왔습니다. 햄카츠 덮밥입니다.

가야마 와, 맛있겠다! 이 바삭바삭한 튀김 옷! 안에서 터져 나오는 치즈! 가득 찬 파! 넘칠 듯한 눈동자! 귀여운 피어스! 고무줄로 슬쩍 묶은 저 뒷머리! 참을 수 없어!!

코타로 자네야말로 정말 징그러운 거 아냐? 엔도 씨보다 더.

가야마 아, 아이 씨, 그거 말이야. 요즘은 핑크삭스의 공격 괜찮아?

아이 지금도 매일 아침 10시면 식당에 나타나요. 맛있는 거 사주겠다면서.

가야마 점심은 12시부터, 이게 우리 회사의 규칙인데? 그 자식, 부장이라고 갑질하는 거잖아!

아이 점심 준비로 가장 바쁜 시간이지만 무시할 수도 없고 해서 어머니가 억지로 대응하세요.

가야마 잠깐만 기다려, 아이 씨. 내가 사장이 되면 그 자식 잘라버릴 테니까!

아이 어머나, 빨리 출세해주세요.

누구에게나 친절한 오사카 사람 특유의 이런 태도가 인기 비결일 것이다. 가야마를 가볍게 처리한 다음, 다른 테이블을 향해 미소를 보내고 있다. 그냥 예쁘기만 한 식당 직원으로 여겼던 그녀에 대한 생각이 바뀐 건 그로부터 한 달 후였다.

무더운 여름 어느 날, 나는 수리보수과 휴게실에서 별관으로 돌아가는 도중에 볼일이 급해서 평소에는 사용하지 않는 화장실에 들어갔다. 별관은 물론 본관에서도 멀리 떨어진 그 화장실에 들어가려는 순간 남자화장실 안에서 아이 씨가 나오는 것이 아닌가!

코타로　어라? 여기는 남자화장실인데?

아이　아, 그렇긴 하네요….

어색해 하는 아이 씨에게 배려심이 발동했던 것일까. 무슨 말이든 해야겠다고 생각했다.

코타로　괜찮아. 그럴 수도 있지 뭐. 딱히 이상할 것도 없는
　　　　　일이야. 벗을 거 벗어던지면 모두 똑같으니까.

아차, 달관 씨나 츠카야마 씨가 이런 말을 하면 철학이 되지만 이런 상황에서 나의 말은 오갈 데 없이 성추행이었다.

아이   아무한테도 말하지 말았음 좋겠어요.

코타로   괜찮아. 원래 나는 영업부 말고는 아는 사람도 없어.

아이   예? 그럼 이시가와 차장님이랑 같은 부서인가요?

영업부는 2원 체제. 나와 츠카야마 팀장 위에 이시가와 차장이 있다. 원래는 두 팀을 총괄하여 나베시마 부장에게 보고하는 역할이지만, 정년이 가까운 터라 그냥 자리만 지키는 처지이다. 츠카야마 팀장은 성실하게 차장을 통해 보고하지만 나는 이름뿐인 차장을 건너뛰어 직접 부장과 협의한다.

코타로   우리 부서 상사야.

아이   그렇구나⋯. 요시미야 팀장님은 평소 점심은 어디서 드세요?

코타로   아, 미안. 식당에서 먹고 싶긴 하지만 난 컴퓨터 보면서 도시락 먹는 버릇이 있어서.

아이   전 그 '컴퓨터'를 만들려고 이 화장실에 온 거거든요.

코타로   그건 또 무슨 말이야? 정신이 좀 오락가락하는 모양인데, 일단 좀 마음을 가라앉히고 말해봐.

아이   **사원들에게는 점심시간이 너무 소중한 시간이 아닐까 해서요.** 아침 8시부터 오후 5시까지 일만 하니까요. 그런 사원들이 유일하게 쉴 수 있는 시간이 점심때잖아요. 긴장이 풀어진 사원들 얼굴을 보면 정말 기분 좋아요. 비로소 사람다운 표정이 엿보이거든요. 오전 중에 복도에서 상사와 스칠 때마다 고개를 숙이며 인사를 하고, 회의실 갈 때는 달리기도 하고, 긴장한 표정으로 늘 무슨 생각을 하기도 하고요. 누구랄 것도 없이 다 같은 얼굴이에요. 왜냐하면 '월급쟁이라는 가면'을 쓰고 있으니까요.

코타로 하긴 그렇긴 해. 그러기 때문에 점심시간이 되면 얼굴이 풀어지는 거지.

아이 식당에서는 그리 떠들어대는 가야마 씨도 아마 오후 회의 때는 '사회인'을 연기할 테지요?

코타로 역시 그 친구는 성가신 존재야, 하하.

아이 성가시다는 건 인간답다는 증거에요. **남의 일에 간섭하지 않는다'라는 월급쟁이 룰을 벗어버리는 순간**이에요. 나는 점심시간에는 모든 사원들이 긴장을 풀고 인간다운 모습으로 돌아왔으면 좋겠거든요. 그래서 말 많은 가야마 씨도 좋아요.

코타로 점심시간에는 다들 긴장을 풀어버리니까 말이야.

아이 그렇지만 그러지 못하는 사람도 있어요. 도망치듯 화장실에서 도시락 먹는 사람도…. 그런 사람이 바로 이시가와 차장님이세요.

코타로 엉? 우리 차장이 화장실에서 도시락을 먹는다고? 그러고 보니 점심시간에 얼굴을 본 적인 없었던 것 같기도…. 난 그냥 다른 사람들하고 회의실에서 드는 줄 알았지.

아이 다른 사람과 잘 어울리는 사람이라면 회의실에서 먹을지도 몰라요. 사람 눈을 의식하지 않는 사람이라면 컴퓨터 보면서 혼자 도시락 먹으면 그만이겠죠. 그렇지만 **누구하고도 어울리지 못하고 혼자서 먹는 모습조차 보이고 싶지 않는 사람**도 있는 거예요.

코타로 아무리 그래도 그렇지 설마 화장실에서 밥을 먹다니….

아이 거기 말고는 도망칠 장소가 없으니까요. 그렇지만 우리는 그것을 불쌍하다고는 생각하지 않아요. **모든 사원이 점심시간에 긴장을 풀고 편안할 수 있다면 그걸로 좋은 거예요.** 화장실이 다른 곳보다 편안하다면 화장실에서 먹으면 되는 거고요. 그리고 먹으면서 점심시간만이라도 '인간'으로 돌아갈 수 있다면… 사실은 저도 고등학교 때는 왕따였어요.

코타로 이렇게 예쁜데도 왕따를 당해?

아이 여자애 세계에서는 예쁜 건 아무 상관이 없어요. 오히려 그것 때문에 왕따를 당하기도 해요. 전 사이좋은 친구 다섯 명하고 늘 학교식당에서 먹었어요. 그렇지만 그 가운데 한 애 남친이 저를 좋아한다는 이유로 왕따가 시작됐어요. 같이 먹을 상대를 잃고 저도 처음에는 혼자서 도시락을 먹었어요.

그렇지만 혼자 먹는 모습이 다른 사람 눈에 어떻게 비치는지를 조금씩 알게 됐어요. 사실은 아무도 관심이 없을지도 모르지만, 어떤 눈길들을 느끼게 되었거든요. 사실은 아무도 제 이야기를 하지 않을지도 모르지만 모두가 나에 대해 숙덕거리는 것처럼 느꼈어요. 학교에서 가장 즐거워야 할 시간이 지옥으로 바뀌어버렸죠.

코타로 나는 사람 시선을 의식하지 않는 타입이지만, 아이 씨 이야기를 들어보니 화장실로 도망치고 싶어 하는 사람이 있을지도 모르겠네. 그렇지만 왜 이시가와 차장이 화장실에서 밥 먹는다는 사실을…?

아이 제 목표는 말이죠. '모든 사원에게 즐거운 점심 식사를'이에요. 그런 의지를 가지고 이렇게 애를 쓰는데, 얼마나 화가 나는지. 핑크삭스가 아주 어깨 힘을 주면서 그러더라니까요.

코타로 엔도 팀장이?

아이 그 사람은 온갖 소문을 다 듣고는 재빨리 우리 식당으로 와서 사원들 욕을 해요. 그날도 그랬어요.

"그 얘기 들었어? 영업부 이시가와 차장 말이야, 화장실에서 도시락 까먹는대, 더러운 자식. 살짝 들어가서 양동이로 물을 부어버릴까 보다. 으캬캬캬."

제 입장에서 볼 때는 비서한테 그런 말하는 핑크삭스 쪽이 더 더러워요. 저는 다음 날부터 회사의 모든 화장실 앞에서 이시가와 차장을 찾았더랬어요. 그리고 지난 주 멀리 떨어진 이 화장실로 숨어드는 할아버지를 발견한 거예요.

코타로 그게 바로 이 화장실이란 말이구나.

아이 전 회사 안 다녀봐서 직함이 어떻게 되는지 잘 모르지만 핑크삭스보다 이시가와 차장이 더 나이가 많잖아요?

코타로 엔도 씨가 쉰 정도니까 차장이 나이는 열 살 위야. 그렇지만 부장하고 차장이니까 엔도 쪽이 더 높지.

아이 높고 낮고 하는 거, 월급쟁이가 바라보는 환상 같은 거예요. 그렇게 착하고 귀여운 할배한테 욕이나 해대는 핑크삭스의 마음을 잘 모르겠어요.

코타로 그렇지만 말이야. 회사생활을 하다 보면 그렇게 될 수도 있어. 나이가 아니라 역시 직책이니까. 우리 쪽에도 연하 상사도 있고 연상 부하도 있어.

아이　　　그러니까 점심시간만은 '인간'으로 돌아가야 한다는 거예요, 저는. **직책도 지위도 높고 낮음도 관계없는 그냥 인간으로.**

　　　　　다 같이 모여 즐겁게 떠들며 먹는 사원들도, 컴퓨터 보면서 밥 먹는 사원들도, 화장실에서 먹는 사원들도. 그 한 시간만은 그냥 풀어진 채로 지낼 수 있으면 해요. 그래서 말이에요, 오늘은 할배의 친구를 그려 보려고 여기 온 거예요. 볼래요? 짜잔~!

　　성큼 남자 화장실로 들어간 아이 씨는 커다란 문을 활짝 열어젖혔다. 그러자 문 뒤편에 립스틱으로 그린 커다란 스마일 마크가 나타났다.

아이　　　귀엽죠? 할배의 친구!

　　방긋 웃는 그 얼굴은 내가 점심시간이면 늘 찾아보는 인터넷 뉴스 속의 정치가나 연예인보다 더 아름답고 푸근했다.

코타로　　나도 다음에 여기서 도시락 먹어볼까 싶어.

아이　　　안 돼요. 할배 자리를 빼앗지 말아주세요.

코타로　　어라? 여기 아래 적은 글도 아이 씨가?

아이 그럼요. 저, 밴드 활동하거든요. 지금은 아직 자작곡이 없지만, 우리가 따라 부르는 정말 좋아하는 밴드의 노래 가사예요. 뭐, 우리 쪽 사투리로 조금 바꿔놓긴 했지만.

럽스틱으로 그린 미소천사 아래에는 작은 펜글씨로 이렇게 적혀 있었다.

"도망치면 되는 거여, 세상 끝까지. 편안한 곳을 찾을 테니."

코타로 멋져. 어떤 밴드?

아이 '선 오브 어 록'이란 밴드에요. 거기 여성 보컬이 너무너무 멋진 거 있죠. 다음에 한번 들려줄까요? 뭐, 사무아이 식당에 흘러나오니까, 밥 먹으러 와요.

코타로 진짜 장사 잘하는구나, 아이 씨.

나는 그날 일부러 점심시간에 사무실을 둘러보았다. 회의실에서 잡담을 나누는 여직원들, 컴퓨터 앞에서 도시락을 먹는 아저씨들, 바깥으로 나가는 젊은이들. 아이 씨 말대로 모두가

'인간적인 얼굴'이었다.

잠시나마 인간으로 돌아갈 수 있다면 장소야 아무렴 어떨까.

그렇다. 뉴욕을 지키는 그 영화 속 영웅은 화장실에서 변신하지 않았던가. 사원끼리 마음이 잘 맞는다면 오후에 다시 월급쟁이로 변신할 필요도 없을지 모르지만, 역시 그건 달관 씨의 '이상(理想)'일 것이라고 나는 생각했다. 힘든 오후 시간이 다시 시작되기에 변신 전 점심시간을 이렇게 풀어진 채 지낼 수 있으니까. 풀어지기 위해서는 조여야 한다. 조이기 위해서는 풀어져야 한다. 그리고 그날도 다시 월급쟁이의 오후 변신 벨이 울렸다. 도저히 끊어질 것 같지 않는 대화를 억지로 멈추고 회의실을 나서는 여사원들, 도시락을 쓰레기통에 던져 넣는 신입사원들, 책상에 엎드려 자다가 빨개진 볼을 무겁게 들어 올리는 관리직. 늘 보는 그런 풍경이지만 나는 한 가지 다른 풍경을 거기서 찾을 수 있었다.

미소천사의 얼굴이 효과를 발휘했는지, 선 오브 어 록의 가사가 가슴을 어루만졌는지는 모르겠지만, 사무실 형광등 스위치를 누르며 들어선 차장의 얼굴에는 참 인간다운 미소가 넘쳐났다.

도망치면
되는 거여,
세상 끝까지.
편안한 곳을
찾을 테니

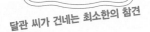

달관 씨가 건네는 최소한의 참견

도망치면 되는 거여,
세상 끝까지.
편안한 곳을
찾을 테니.

점심시간은 '직책'을 벗어던지고
인간다움을 회복하는 유일한 시간.
나름의 비법을 마련하여
느긋하게 오후 변신을 준비하자.

제 16 화

출세 경쟁에 넌덜머리가 날 때

모든 일에 두려움이 없어지는 비법

13.2%

'당신이 회사를 그만두고 싶을 때는?'
《@DIME》설문결과

2년째 가을이 지나 월급쟁이들이 만원 전철에 차곡차곡 쌓이는 오후 5시 전에 석양은 다시금 니가타 앞바다를 붉게 물들였다. 출산휴가에 들어간 아카무라 씨 업무 공백을 메우기 위해 부하들은 죽을힘을 다해 돌아다녔다. 나는 결코 적당히 지시하고 지휘하지 않는다. 왜냐하면 나베시마 부장과 어떤 밀약을 나누었기 때문이다. 애초 2년짜리 출장이었지만 만일 이번에 영업실적을 전년 대비 150% 달성하면 팀장 겸 영업부장으로 승진시켜 니가타에서 계속 근무하게 해줄 거라는 밀약. 나

행복은 누가 결재해주나요?

베시마 씨가 전무로 승진하면 나를 끌어올리겠노라는.

니가타 생활이 마음에 들기도 해서 나는 '앞으로 2년 더 니가타에 남을지 모를' 그 조건을 흔쾌히 받아들였다. 그러므로 지금은 부하들이 힘을 내주어야 한다.

오노　　이건 시스템부 일인 것 같은데요.

가야마　그치. 전표 입력이잖아? 새로운 시스템을 만드는 건
　　　　　그쪽 일이니까. 이건 영업이 아니야.

어느 회사에서도 '부서간 업무 미루기'가 일어난다. 특히 미츠이상사는 사외 부장이 취임한 5개 부서와 고참 부장이 맡은 3개 부서 사이에서 파벌싸움이 일어났다.

코타로　그런 것 같기도 해. 이건 영업이 아니라 시스템부에
　　　　　서 해야 할 일이야. 좋아, 내가 시스템추진실 실장과
　　　　　교섭을 해보지.

팀원들의 목표량 달성을 위해서라도 쓸데없는 업무를 줄여주고 싶었던 나는 직접 부서장끼리 교섭을 하려고 사무실을 나섰다. 시스템부에 가보니 실장이 회의 중이라 다시 오겠다는 말을 남기고 발길을 수리보수과 휴게실 쪽으로 돌렸다.

코타로　어라? 사, 사장님? 어떻게 이런 곳에?

사장　내 회사잖아. 어디에 있든 무슨 상관인가.

코타로　핫, 지당하신 말씀입니다.

사장　그런데, 1팀장. 자네가 무슨 전국시대 사무라이도 아니니까, '핫!'은 좀 그만둬.

코타로　그런데 무슨 일로 수리보수과 창고에 사장님이?

사장　그건 말이야, 임원실에 바퀴벌레가 다섯 마리나 기어 나와서, 그거 좀 처치해달라고 온 거야.

코타로　바퀴벌레가 다섯 마리나? 우왓! 정말 기분 나쁘셨겠습니다. 바퀴벌레는 한번 나온 곳에서 계속 나오는 놈이니까요.

사장　그럼 그럼. 그것 참 징그럽다니까. 그럼 달관 씨. 잘 부탁해요.

그렇게 말하고 사장은 수리보수과 창고를 나갔다.

달관 씨　자네도 나랑 바퀴벌레 잡으러 갈래?

코타로　시, 싫어요. 저 못해요, 그런 거!

달관 씨　좋아할 것 같은데.

코타로　바퀴벌레 좋아하는 사람이 어디 있어요! 그렇지만 사장님도 여길 오시네요. 2년 있으면서 처음 봤어요.

달관 씨   자주 와. **아무도 안 하는 일은 모두 내 몫이니까.**

코타로   뭐든 다 처리할 수 있다니, 정말 대단합니다. 전 지금 일을 하나 맡기려고 다른 부서와 교섭을 하러 가야 되거든요.

달관 씨   그럼 출세할 수 있겠구만.

코타로   엉? 출세하기 위해서는 일부러 업무를 줄이고, 직속 상사한테 잘 보여 승진하는 겁니다.

달관 씨   줄을 댄 상사가 누군데?

코타로   내 경우는 물론 나베시마 부장이지요. 다른 부서에서 해야 할 일을 제자리로 돌려주고 영업부 성적만 올리면 최고지요.

달관 씨   아, 그렇군. **끌어주는 상사의 의도를 잘 살피면 출세할 수 있다는 계산이로군.** 여전히 너무 명청해서 눈물이 날라카네.

코타로   왜요?

달관 씨   자신을 이끌어주는 파벌의 탑에게 잘 보이면 승진할 수 있겠지. 영업부장에게 잘 보이면 영업부에서 우뚝 설 수 있을 거야. 시스템부장에게 잘 보이면 시스템부에서 출세할 수 있고. 그렇다면 사장이 되려면 어떻게 해야 할까?

코타로   사장이….

달관 씨　사장은 모든 분야의 업무를 봐야 해. 영업도 시스템
　　　　도 경리도 총무도. **위로 이끌어주는 상사에게 잘 보이
　　　　면 그 포지션을 얻을 수 있어. 그렇다면 모든 업무에
　　　　공헌을 하면 사장으로 올라설 수 있지 않을까?** 부서
　　　　간 업무 떠넘기기에 힘을 쏟는 놈은 자신이 누구에게
　　　　어필해야 할지 모르는 멍청이라고 해야겠지.

코타로　다, 당연히…. 사장의 관점에 서면 영업만 아는 부하
　　　　보다 시스템도 잘 아는 부하가 더 소중하겠죠.

달관 씨　그렇지, 그렇지. **사장이 되고 싶다면 지금부터 자신이
　　　　사장이라 상정하고 주위를 둘러보아야 해.**

코타로　사장이라면 어떻게 할까…. 다른 부서에 업무를 떠넘
　　　　기지 않겠지요. 어느 쪽 업무도 '사장으로서 나'의 회
　　　　사 업무니까.

달관 씨　이것이 바로 '부사장 법칙'이라고 내가 이름 붙인 것이
　　　　지. 일본의 회사를 통계분석하여 내린 결론인데, 조
　　　　직 내 파벌투쟁에서 출세를 노리고 상사에게 고개를
　　　　조아리는 놈은 부사장밖에 될 수 없어. 사장은 '나누
　　　　어지기 전의 하나'니까.

코타로　'나누어지기 전의 하나'?

달관 씨　사장은 파벌에 들지 않잖아?

코타로　예?

달관 씨 파벌이란 나누어진 후의 말이니까. A라는 파벌의 탑과 B라는 파벌의 탑이 다툰다고 해. 설령 그 한쪽 상사의 눈에 들었다고 해도 결국은 A나 B의 탑에만 오를 수 있지. 그러니까 최고가 된다 해도 부사장 정도잖아.

그런데 **사장은 두 가지로 나누어지기 전의 하나지.** 파벌투쟁에서 '나뉘기 전'의 단 하나가 사장이지. 그러니까 사장이 될 놈은 대체로 파벌투쟁에 관심 없어. 처음부터 회사를 '하나'로서 바라보기 때문이지. **어중간하게 출세하고 싶다면, 다른 부서와 업무를 밀치기 하라구. 마지막까지 출세하고 싶다면 파벌에 휘말려들지 말고 회사의 모든 업무에 정통하도록 하게.**

코타로 어쩐지 시스템부에 되돌려주려던 이 일, 내가 해보고 싶어지네요.

달관 씨 덧붙여서 이것은 회사만의 이야기가 아니야. **인간도 원래는 하나야. 우주도 원래는 하나고.**

코타로 빅뱅 이전 우주의 모든 것이 오직 하나였잖아요.

달관 씨 그러니까 **특정한 '누군가'에게만 잘해줘봤자 의미가 없다는 거지.** '좋은 사람'에게도 '싫은 사람'에게도 잘해줘야 해. 신분이 '높은 사람'에게도 '낮은 사람'에게도 잘해줘야지. '남자'에게도 '여자'에게도, '약

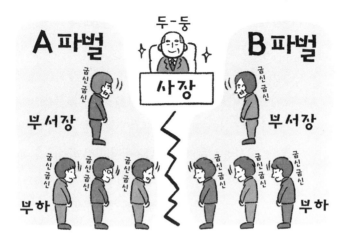

자'에게도 '강자'에게도. **자신이 정말 싫어하는 어떤 사람에게도 잘해줄 수 있을 때 기적이 일어나.** 모든 것은 하나니까.

코타로 이해는 되지만 어려울 것 같은데요….

달관 씨 아직도 자넨 멀었어. 인간에게만 태도를 나누지 않고 대하라는 말이 아니야. '좋은 일'도 '싫은 일'도 '슬픈 일'도 구분하지 말고 받아들이도록 해봐.

코타로 예? '좋은 일'만 일어나야죠. 그건 무립니다.

달관 씨 '일어나는 일'에 대해서도 구분해서 대하는 태도는 안 되는 거야. '좋은 일'만 일어나기를 바란다면 괴로워질 뿐이지. 파벌투쟁에 휘말려드는 거랑 같아. A파편을 들면 B파에게 견제를 받아. 모든 '일어나는 일'에 같은 태도로 대할 것. 오늘도 세상에는 모든 종류의 '일'이 일어나므로. '슬픈 일' '즐거운 일' '괴로운 일' '고통스런 일' '좋은 일' '나쁜 일'….

특정한 파벌에만 몸을 밀어 넣지 말고 모든 일을 받아들인다면 현실에서 일어나는 모든 일에 두려움이 없어져. 모든 것은 하나라는 것을 깨닫기 때문에.

코타로 어려운 철학이네요. 하나라는 것은 갈라지기 전의 일(一)이잖아요. '위'도 '아래'도 없으니까 하나. '좋음'과 '나쁨'으로 갈라서 '좋아하는' 파벌에게만 잘해주는 것은 이상하다. '싫은 사람'에게도 사랑을…. '괴로운 일'도 즐겁게 받아들이고….

엉!! 저한테는 무리예욧!

달관 씨 천천히 해도 돼, 우선 회사에서부터. 덧붙여서 경비원 가미야 알아?

코타로 회사 입구를 지키는 분 말인가요?

부지가 넓은 미츠이상사는 입구에 경비원을 교대로 세운다. 이름은 모르지만 아마도 그분이 가미야 씨일 것이다. 그냥 눈앞에 떠오를 만큼 인상적인 명물 경비원 하나가 있다.

코타로 그 경비원, 매일 아침 나한테 웃는 얼굴로 "안녕하세요!" 하고 인사를 해요. 매일 그 웃는 얼굴을 보다보면 하루가 즐거워져요.

달관 씨 자네'만'이 아니야. 착각하지 마. 모든 사람한테 그렇게 웃어준다구.

코타로 예? 모든 사람한테 그런다고요? 아니죠, 그런 무립니다. 목소리가 아주 크죠. 나한테만은. 그래서 나한테만 상냥하게 대해주는 분이라고 생각했는데.

달관 씨 자기도취가 너무 심하구만. 왜 그런 생각을 하지?

코타로 내가 도쿄에서 파견된 엘리트니까, 아부하려고? 전근 첫날 무지 큰 소리로 인사를 하기에 내 소문을 들어서 그런 줄로 알았죠.

달관 씨 사원 800명 전원이 그 문을 통과해. 월급쟁이의 아침 얼굴을 잘 살펴보면 하나같이 떨떠름하지. 어떤 사람은 어젯밤 아내와 다툰 일을 동료에게 하소연하고, 어떤 사람은 전날 술을 너무 마셔서 괴롭고, 어떤 사람은 하루 정도 땡땡이치려고 몸이 아픈 척할까 생각하기도 하면서 다들 떨떠름한 표정으로 그 문을 지나는 거야. 그렇지만 가미야는 그 **모든 사람의 표정을 웃는 얼굴로 바꾸고 말겠다는 목표를 세우고서** 모두에게 큰 소리로 인사를 하는 거야.

코타로   그런 볼륨으로 800명 전원에게 인사를 하다니, 응원
        단보다 더 가혹한 업무일 텐데….

달관 씨   자네처럼 '특정한 누구누구'에게만 머리를 조아리지
        않아. **경비원이란 존재는 '사원의 직함'을 향해 고개를
        숙이는 것이 아니야. '사원'에게 고개를 숙이는 거야.**
        이건 어느 회사건 마찬가지. 애당초 경비원은 어떤
        사원이 '어떤 직함'인지 알지도 못해.

코타로   분명 그렇긴 하죠. 경비원은 사원의 직함을 모르지
        요. 특정한 누군가를 지키는 것이 아니라 회사라는
        '하나'의 조직을 웃음으로 지키는 것이란 거군요.
        좋아…. 아무튼 시스템부에 일을 떠미는 건 그만두기
        로 하겠습니다.

그렇게 말하고 휴게실을 나선 나는 무작정 가미야 씨를 만나
고 싶어졌다. 나만이 아니라 800명 모두를 차별하지 않고 큰소
리로 웃으며 맞이할 수 있다니. 나는 구내 입구까지 10분을 걸
어서 경비실로 들어섰다.

코타로   안녕하세요.

가미야   안녕하세요? 외근 나가십니까?

코타로   아뇨. 오늘은 가미야 씨를 만나러 왔어요.

가미야   예? 제 이름을 아세요? 감사합니다.

코타로   모르는 사람 없어요. 회사에서 아주 유명하니까.

가미야   그렇지만 4월부터 저는 없습니다.

코타로   네?

가미야   시스템 개혁의 일환으로 안전을 강화한다고 하네요. 사내 정보가 바깥으로 새나가지 않게 하려고 ID카드로 '삑!' 그어 오케이 사인이 나면 회사로 넣어주는 시스템으로 바뀐다고 하네요.

코타로   매일 아침 가미야 씨의 웃음 띤 표정을 보고 싶어서 회사에 오는데, ID카드로 '삑!' 찍는다구요? 망하고 말 거예요, 이 회사! 가미야 씨의 밝은 표정 때문에 다들 즐겁게 하루를 시작하는데!

가미야   저는 800명 사원의 이름이나 직함은 모릅니다. 그렇지만 800명 모두의 얼굴을 정확히 기억합니다. 그러므로 이상한 사람은 절대로 이 문을 통과할 수 없습니다. 그렇지만 시스템부에 따르면 'ID카드'라면 실수할 확률이 0%라고….

가미야 씨 이야기가 끝나자 나는 역시 시스템부로 가야 한다고 생각했다. 시스템 실장이 자리에 없어서 야마오 부장이 만나주었다. 가야마가 말하던 그 블루삭스였다.

야마오   전표 시스템 때문인가요? 시스템은 우리가 짰지만 입력은 영업부에서 해주셔야겠습니다.

코타로   아니, 그 건으로 온 게 아닙니다. 입구 경비원 말인데요, ID카드로 지킬 수 없는 것도 회사에 아주 많다고 생각합니다.

야마오   예? 전표 시스템 건이 아닙니까? 그럼 그냥 돌아가주세요. 다른 부서에서 우리 일에 간섭할 이유는 없습니다.

칼로 두부 자르듯 대꾸하더니 블루삭스는 응접실을 나가버렸다. 부서와 부서가 업무를 떠밀기도 하고 자기 업무에 대해서 방어막을 치기도 한다. 월급쟁이들이 이렇게 서로 분단된 환경에서 무엇을 지향하는지 곰곰 생각해보면 어이가 없을 만큼 모순된 논리와 파탄에 그만 헛웃음을 치고 만다. **회사는 '하나'이므로 지향해야 할 목표도 '하나'인데도.**

오후 7시. 어두컴컴한 구내에서 저편 경비실에만 불이 켜졌다. 돌아가는 길에 고작 캔 커피 하나를 가미야 씨 손에 건네주는 것 말고는 내가 할 수 있는 건 없었다. 가미야 씨가 오늘 1,601회째 외치는 '감사합니다!'라는 목소리는 아침에 들은 그 볼륨, 텐션, 애정 그대로였다. **'누구에게도 어떤 일에도 차별 없이 대응한다.'** 가미야 씨에게는 아마도 그게 가능한 모양이다.

그날은 퇴근길에 늘 지나가는 반다이바시 다리가 연말을 맞이하여 붉을 밝히고 있었다. 그 조명 때문에 기분이 좋아진 것 같다. 살면서 처음으로 '누군가'에게만 머리를 숙이는 것보다 '모두'에게 웃음을 던지고 싶은 고양된 기분이 마음 깊은 곳에서 솟구쳐 올라 다리 위에서 발길을 멈추었다. 다리 난간에 몸을 기대자 시나노강 앞에 모든 강이 모여드는 '하나'의 바다가 펼쳐져 있었다.

경비원은 '직함'이
아니라 '사람'에게
인사를 한다.

나뉜 후의 파벌을 지지하는 것보다 가장 근본이 되는
'사장'이라면 어떻게 할 것인가를 생각해본다.
모든 것을 나누지 말고 대응할 수 있다면
곤경에 휘말려들지 않는다.

제 17 화

보너스가 3년씩이나 나오지 않을 때

나는 회사에 무엇을 줄 수 있을까

10.6%

'당신이 회사를 그만두고 싶을 때는?'
《@DIME》설문결과

미츠이상사의 근무규정에 따르면 1월 4일 한 해가 시작하는 날은 출근을 해도 각 부서에서 신년모임을 하며 보낸다. 난 아직 미츠이상사처럼 회사 여기저기에서 아침 9시부터 저녁 5시까지 마시고 먹는 신년회를 가지는 경우는 듣도 보도 못했다. 사원들에게는 일주일 만에 만나는 동료 얼굴보다 더 큰 즐거움이 있었다. '세뱃돈'이라 부르는 신년 보너스가 바로 그것이다. 사장이 금고를 지키는 경리부장을 데리고 각 부서를 돌며 신년 보너스를 사원 하나하나에게 건네주는 명물 행사이다.

오노　　마침내 세뱃돈 받는 날이 왔다!! 이걸로 이번 달은 아무 걱정 없어! 그런데 아카무라, 출산휴가 중인데 시업일에 왜 나왔어?

아카무라　어쩔 수 없잖아요. 직접 받지 않으면 주지 않는 보너스니까.

영업부는 사무실 한가운데 책상을 모두 붙여놓고 와자지껄 분위기를 띄우고 있었다. 거기에 사장이 나타났다.

사장   영업부 여러분, 지난 한 해는 정말 수고 많으셨습니다. 올해도 여러분 가족에게 행복이 가득한 한 해가 되기를 바랍니다.

건배사를 재빨리 끝낸 다음 사장은 모두에게 보너스를 건네주고 다음 사무실로 이동해야 할 텐데, 시간 여유가 좀 있었는지 츠카야마 팀장과 나 사이에 끼어들었다.

코타로   구조조정 중인데 정말 대단합니다, 이 보너스 액수는. 다른 회사라면 생각지도 못할 일입니다.

사장   개인소유 회사라서 다른 회사하고는 비교할 필요도 없겠지만, **인간의 가장 큰 즐거움은 '주는 것'이지요.** 1팀장은 탁발이란 것을 아시는지?

코타로   탁발이라면 스님이 동네를 돌아다니며 돈이나 먹을거리를 받는 수행이 아닙니까?

사장   맞아요. 최근에는 시내 사거리에 서 있기도 하더라구요. 그렇지만 '고타마 씨'는 **가난한 집부터 먼저 돌라**는 가르침을 펼치고 싶었던 거 아닌가 하고 난 생각합니다.

코타로   넷? 가난한 집을 먼저 돈다는 건 좀 너무한데요. 그냥 있어도 쓰러질 판인데! 돈이 아주 많은 부잣집부터 돌아야 하지 않을까요.

사장   **인간이란 눈앞의 '현실'을 모두 자신이 생각하는 대로 만들어낸다**는 이야기 들어본 적 있어요?

코타로   네. 달관 씨가 그게 이 세상의 유일한 룰이라고 말했습니다.

사장   양자역학이라는 과학 분야에서도 증명되었지요. **눈앞에 일어나는 모든 것은 '관측자'인 그 자신이 만들어내는 것**이라고.

코타로   저에게는 좀 어렵네요. 사장님.

사장   그럼 보너스 돌려주세요.

코타로   넷?!

사장   하하, 농담입니다. 난 별로 시간이 없어서 다음 사무실로 가야 하는데, 1팀장, 한 가지만 좀 가르쳐주세요. 팀장은 나베시마 씨의 스카우트로 이 회사에 왔지요. 그 사람이랑 어디서 어떻게 알게 되었지요?

코타로   저도 직접적인 면식은 없었는데, 지난 회사의 경리부장의 연줄로 알게 되었습니다. 이 회사에 오기를 정말 잘한 것 같습니다!

사장   그럼 옛날부터 오래 알고 지낸 관계가 아니네요?

코타로   네, 처음 만난 것도 이 회사의 임원실에서였습니다.

사장   잘 알겠습니다. 내년에도 잘 부탁드립니다.

코타로　사장님, 해가 밝았으니 '올해도'가 맞습니다. 저도 연말 기분에서 벗어나지 못해 오늘도 몇 번이나 부하들에게 내년이라고 말하고 말았습니다. '내년에도 잘 부탁한다'고요.

사장　츠카야마 씨, 나머지 설명은 알아서 잘 해주세요. 그럼, 난 이만.

나를 '1팀장'으로 부르면서 2팀장에게는 '츠카야마 씨'라는 호칭을 쓴다는 사실에 살짝 질투심이 일었다.

츠카야마　아까 그 이야기 말이야, 요시미야 씨.

코타로　예? 무슨 이야기요? 아, 그렇지, 탁발! 사장님은 왜 가난한 사람부터 찾아가라고 하시는 거죠? 그런데 고타마 씨는 또 누구에요? 무슨 야쿠자 보스인가?

츠카야마　먼저 본인이 만들어내는 세상을 '현실'이라 부르지 않던가. 그러므로 **가난한 사람은 자기 스스로 가난한 세상을 눈앞에 만들어내고 있다고 할 수 있지.**

코타로　엥? 가난한 사람은 자기 스스로 가난해진 겁니까?

츠카야마　그렇지. 그럼, 왜 가난해졌느냐고 하면, **주는 기쁨을 모르기 때문**이야.

고타마(고타마 싯다르타, 즉 부처님을 말한다 - 옮긴이)라면 가난한 사람을 먼저 찾아가라고 가르쳤을 것이라고 사장은 말했다. **주는 즐거움을 가난한 사람에게도 가르쳐주라고 알려주기 위해서.**

코타로　그렇지만 부자니까 줄 수 있는 거지 가난하면 주고 싶어도 줄 수 없어요.

츠카야마　**거봐, 그런 식으로 말하며 가난한 사람은 언제까지고 '주는' 연습을 하려 하지 않아.** 부자는 100만 엔 가지고 있으면 10만 엔을 줘. 주는 데 익숙하니까. 그렇지만 가난한 사람은 1백 엔 가지고 있어도 10엔을 내놓지 않고.

코타로　가능한 만큼 주는 연습을 하다보면 어느새 부자가 된다는 말인가요?

츠카야마　참 생각이 많은 사람이구만, 요시미야 씨는. 머리로 생각하지 말고 그냥 주면 되는 거지. **'부자가 될 것 같으니까 줘보자'라는 것은 결국 '빼앗는 것'을 생각한다는 거야.** 일부러 도끼를 연못에 빠뜨리고 금도끼를 빼앗으려는 것처럼. 그러나 '주는' 즐거움을 가장하여 '빼앗는 것'은 반드시 인간에게 고통을 불러오고 말지.

코타로　그렇지만 나는 월급을 받는 쪽이 즐겁습니다. 주는 것보다.

츠카야마 언젠가는 고통받을 거야. 근본적인 즐거움은 주는 것뿐이니까. 자연계 원리를 보면 금방 알 수 있어요. '방출'하는 것은 쾌락이고 '탈취'하는 것은 고통이 아 닌가?

코타로 방출한다니요?

츠카야마 발사하면 쾌락이 일어나잖아. 땀 흘리면 기분 좋고, 똥도 싸야 좋고, 쌓인 것을 터뜨리면 기분이 좋아져. 그 반대로 안으로 쌓는 건 고통이지. 빼앗아 먹기만 하고 내주지 않는 것을 전문용어로 '변비'라고 하잖 아? 안 내보내면 아파.

코타로 그래서 사장님은 사원들을 위해 그렇게 돈을 쏟아내 는 거로군요.

츠카야마 **빼앗는 방향으로만 사고하면 어떤 사람도 반드시 실 패하고 말 거야.** 우주는 오늘도 가속팽창하고 있고. 끊임없이 퍼져나가는 그런 우주에서 주위로부터 빼 앗기만 하면 어떻게 될 것 같아? 한번 상상해봐.

코타로 팽창하는 우주에서 주위로부터 빼앗으려 하면 우주 의 모든 힘이 반대방향에서 끌어당기겠지요. 풍선이 라면 빵, 터져버릴 테고.

츠카야마 요컨대 **우주 전체가 당신을 방해하지 않을까?** 바깥에서 안으로 빼앗는 것보다 안에서 바깥으로 주는 편이 좋아. 월급쟁이도 그래. 월급이 적다고 불평하는 사람 집 앞에 탁발승이 찾아 올 테지. 주는 연습을 시키려고. **회사에서 무엇을 빼앗아 올까를 생각하지 말고 회사에 무엇을 줄 수 있는가를 생각하는 편이 좋아.**

나는 문득 츠카야마 팀장 앞에 놓인 종이접시를 보았다. 내 앞의 종이접시에는 새우튀김, 스시, 튀긴 두부가 듬뿍 담겨 있는데 츠카야마 과장 종이접시에는 아무것도 없었다. 부하들이 다 가져가기 전에 맛있는 것부터 먼저 가져오려고 음식통 앞을 재빨리 돌아가며 접시에 담았던 나 자신이 부끄러웠다. 이제부

행복은 누가 결재해주나요?

터 주는 연습을 해보고 싶었다.

코타로   저, 츠카야마 씨. 이거 같이 드시죠. 너무 많이 가져와
서 다 먹을 수 없어요.

츠카야마   아, 고마워. 친절하시네. 일단 새해기도부터 하고 먹
도록 하지.

코타로   아, 그러네요. 영업부는 11시부터 버스 타야 하니까
이제 슬슬 나가봐야겠어요.

각 부서는 시업식 날 신사에 가서 차례로 기원을 올린다. 벌
써 취한 사람도 많다. 사장의 방문 시간을 피해서 신사까지 가
는 버스를 각 부서에 배당한다.

가야마   40분이나 타고 아사이노 신사까지 오다니, 역시 우리
회사는 멍청해.

코타로   자기 회사에게 불평하는 사람이 더 바보지. 자네도
포함해서 '회사'니까.

가야마   어라, 팀~자~앙~님. 뭘 모르시네요. '바보'란 말은
니가타 사투리로, 최고라는 뜻입니다요.

코타로   거짓말! 자네, 아침부터 너무 마셨어. 제발 바깥에서
는 제정신 좀 차리게.

가야마 　그렇지만 우리 회사 정말 최고라고 생각합니다. 어라? 사다미츠, 아직 안 왔네요.

코타로 　아, 사다미츠는 영업 차량 담당이야.

외근이 많은 영업부에는 전용 영업 차량이 있다. 새해 참배 때 교통안전 기원도 같이 하기에 그는 버스를 타지 않고 영업 차량을 몰고 온다. 담당자는 새해 참배가 끝날 때까지는 술을 마실 수 없어 아무도 자원하지 않는데, 술을 싫어하는 사다미츠가 매년 흔쾌히 역할을 맡는다.

　행복은 누가 결재해주나요?

사다미츠 팀장님, 죄송합니다. 전봇대에 차 뒷문을 쓸리고 말 았습니다. 뽑은 지 얼마 안 된 차인데….

술기운을 빌어 화를 내려하는 나를 제지하고 츠카야마 팀장 이 끼어들었다.

츠카야마 사다미츠, **한층 타기 편해졌어, 고맙네.**

사다미츠 예?

츠카야마 난 말이야, 학생 시절에 농구를 했었는데, 새로 산 농 구화는 반드시 시합 전에 밟아달라고 했더랬어. 그렇 잖아, 새 신발을 신으면 더럽히지 않고 싶어서 제대 로 움직이지 못해. 일단 더러워지면 아주 가볍게 뛰 어다닐 수 있지. 차란 놈은 타고 다니라고 만든 건데 **이 녀석은 신품이라 다들 타고 다니면서 부담을 가지 게 되지. 차 긁어줘서 정말 고마워.**

영업차량 키를 신관(神官)에게 건네주며 가슴을 쓸어내리는 사다미츠를 바라보며 츠카야마 팀장이 말했다.

츠카야마 요시미야 씨, '화를 내는 행위'도 우주하고는 역방향 이라오.

코타로   화를 내는 것이 빼앗는 행위가 된다는 건가요?

츠카야마   그러니까 **화를 낸다는 것은 부하에게서 평안을 빼앗는 행위잖아?** 부하에게 평안을 주어야지.

  영업부 전원이 모이자 신사 안에서 신관이 부정을 물리치며 축사를 읊어주었다. 기원이 끝나자 제각기 새전함(賽錢函, 기도를 하고 돈을 넣는 통 - 옮긴이)에 돈을 넣는데, '주는 연습'을 하고 싶었던 만큼 나는 평생 처음으로 1만 엔짜리 지폐를 넣었다.

  아무도 이 정도는 넣지 않을 거라고 생각하며 새전함 안쪽까지 손을 집어넣던 나는 놀라고 말았다. 나에 앞서 참배한 부하들 모두가 1만 엔짜리 지폐를 넣었던 것이다. 돌아오는 길에 버스 안에서 물어보았다.

코타로   가야마, 자네도 1만 엔 넣었어?

가야마   우리 회사는 신사에 가기 전에 세뱃돈을 주고 버스 스케줄까지 짜두지 않습니까? 거금을 현물로 받은 다음이라 다들 1만 엔을 넣는 겁니다.

코타로   아냐. 그런 이유가 아니라니까. 아마도 선배의 가르침이 아주 훌륭했기 때문일 거야. 좋은 가르침을 아주 많이 받아서.

가야마   그럴지도 모르겠네요. 1만 엔을 넣는 게 무슨 전통처

럼 되어버린 것 같아요. 그렇지만 대체로 좋은 일이
일어나요. **먼저 준 다음에는.**

가야마의 그 말이 잘 나타낸다. '먼저 준다'는 그 말을 이 자
식들에게 가르친 사람이 사장이고, 츠카야마이며, 달관 씨이면
서 경비원이고 청소아줌마일 것이다.

버스 안에서 신사 방향으로 '이 회사가 영원히 번성하기를'
기원했다. 그런데 그런 나의 취기를 한 방에 날려버리는 일이
돌아온 회사 회의실에서 기다리고 있었다.

나베시마 어이, 요시미야, 회의실로.

신사에 가지 않고 회사에 남았던 나베시마 부장이었다.

나베시마 이번 회기의 매출이 말이야, 약속한 대로 전기 대비
150%를 달성했다네. 그러니 나도 약속을 지켜야지.
2월 주주총회에서 임원 교체가 있어, 자네를 영업부
장으로 올려줄 생각이야.

코타로 정말입니까! 감사합니다! 부하들이 열심히 해준 덕
분입니다. 메이커 영업에 힘을 다한 덕분에 오노가
파이트 카드게임을 따오고 아카무라가 삼고초려해

서 에이코 마트를 뚫고, 팀이 하나가 되어 하라마루 마트를 끌어들인 것이 효과가 있었어요. 모두 부하들 덕분입니다.

나베시마 그건 뭐 아무래도 좋아. 그래서 매각액이 크게 높아 졌지.

코타로 매각액? 매각액이라니요?

나베시마 이 회사를 판다는 거지. 실버삭스가 보유한 주식 30%와 시장에서 매입한 주식을 합해서 51%가 됐어. 자네에게 영업실적을 올려달라고 한 것도 이 회사를 비싸게 팔기 위해서야. 적자회사는 팔리지 않으니까.

코타로 자, 잠깐만요. 부장 다섯 명은 회사재건을 위해 투자 회사에서 파견된 게 아닙니까?

나베시마 아냐. 처음부터 전매하기 위해서였어. 이런 회사라도 100억 엔에 사서 300억 엔에 팔면 200억 엔을 남길 수 있지. 회사재건 같은 건 관심 없어. 아침부터 저녁 까지 하루 종일 술마시고 노는 회사잖아? 사업이라 면서 아무도 일을 하지 않아.

코타로 그럼, 처음부터 이렇게 정해진 거네요?

나베시마 그렇지. 오는 2월 주주총회에서 미츠이 사장을 해임 하는 결의안을 내가 낼 거야. 나머지 다섯 명이 찬성 하면 사장은 끝이지.

코타로　누가 사요?

나베시마　남미의 석유회사. 이 넓은 부지에 석유정제공장을 세
운다는구만. 그래서 지금 사원들은 거의 잘릴 거야.
난 다른 회사에 가니까 상관없지.

　800명이나 되는 사원에게 직접 보너스를 건네주던 사장에게
는 이제 1분의 여유도 없는 셈이다. 그런데도 내 곁에 앉는 이
유를 이제는 알 수 있었다. 사장은 이미 이런 사태를 파악하고
있었다. 그래서 나에게 나베시마와의 관계를 물어보았을 것이
다. 니가타에서 나의 마지막 투쟁이 시작되었다.

회사에서 무엇을
빼앗을까를
생각하지 말고,
회사에 무엇을
줄 수 있는가를
생각하는 게 좋아.

우주는 지금도 가속팽창하고 있으므로
그 주위에서 무엇을 빼앗으면 이상해지고 만다.
조금씩이라도 자신의 주변에 '주는' 기쁨을 연습해보자.

제 18 화

의견이 받아들여지지 않아서 화가 날 때

모든 일은 필시 좋은 것이다

18.0%

'당신이 회사를 그만두고 싶을 때는?'
《@DIME》 설문결과

어느 회사건 마찬가지겠지만 주주총회의 리허설은 그냥 절차 확인에 지나지 않는다. 다음날 주주총회에서 해야 할 모든 일을 매뉴얼대로 연습하고, 다음 날도 연습한 그대로 주주 앞에서 하면 그만이다. 어느 임원이 어떤 대사를 하는가까지 사전에 문장으로 만들어둔다.

보기도 싫었지만, 내 손에 든 문서에는 영업1팀의 이번 매출 신장을 평가하여 나베시마 부장을 사장으로 한다는 결의가 적혀 있고 다섯 명의 사외이사들이 찬성표를 던진다는 내용이 들어 있다. 다음으로 대표 나베시마 부장이 '매각예정기업'을 읽고 주식 매각을 결의한다. 이런 의사진행을 뒤집는다는 것은 신이 나타난다한들 불가능하다는 걸 나는 잘 안다.

그럼에도 왜일까. 나는 평생 처음으로 상사에게 반항했다. 머릿속의 매뉴얼과 싸워 이긴 내 마음이 책상을 '쾅!' 내리쳤다.

코타로   왜 이런 짓을 합니까!! 회사를 만든 것은 말이야, 당신들처럼 돈질 게임을 하기 위해서가 아니야! 우리는 월급쟁이야. 매일 있는 힘을 다해 시간과 싸우고 가족 얼굴을 떠올리며 옆자리에 앉은 동료들의 힘들어하는 표정도 살펴야 돼. 그리고 축 늘어져서 건물 바깥까지 나가 아내에게 야근 때문에 퇴근하지 못한다고 전화를 해. 우리는 그런 월급쟁이란 말이야. 당신들 감각으로는 그딴 건 생각도 안 하겠지? 어두워지는 거리에서 켜지기 시작하는 형광등 불빛을 보며 멀리 그 회사에 있을 동지들의 존재를 느끼면서 우리는 다시 건물 안으로 들어가는 거야. 바깥에서 숨을 깊이 내쉬고 말이야.

월급쟁이 경험도 없는 당신들 같은 자본가가 주식을 사고 파는 게임하고는 달라! 우리는 회사에서 일하는 월급쟁이란 말이야!! 이런 매매 게임은 외국에나 가서 하라구.

나의 성난 고함소리와 함께 적막에 감싸인 임원회의실에서 다음 순간 일어난 현실을 나는 잊을 수 없다. 다섯 명의 임원들은 즉각 냉소를 내보이기 시작했다. 내 말이 눈곱만큼도 그들에게 영향을 끼치지 않았다는 증거였다. 당연할 것이다. 거기에는 '인간'이 없으니까.

리허설이 끝난 뒤 영업부 휴게실에서 나는 고개를 떨구고 있었다.

달관 씨 하긴 그렇지 뭐. 리허설에서 화를 내본들 내일 주총 의제가 바뀔 리 없다는 건 알지?

코타로 월급쟁이 몇 년 한 줄 아시잖아요. 신이 온들 바꿀 수 없다는 건 알아요.

달관 씨 그렇지만 자넨 했어. 진심으로, 멋지잖아. **어쩔 수 없다는 걸 알면서도 자신의 기분에 따라 행동을 일으킨 것이야.**

코타로 그래도 하나는 바뀐 게 있어요. 눈앞에서 나베시마가 내 이름을 펜으로 지워버렸거든요. 내일 결의에서 부장으로 승진할 내 자리만 바뀐 거지요.

달관 씨 멋지잖아. 그런 사장 아래서 영업부장 해서 뭐가 즐겁겠어. 회사에서 잘리면 내가 자네를 고용해주지. 여긴 아무 때나 자도 되고 책도 마음껏 읽어도 돼.

코타로 그것도 나쁘진 않겠어요….

다음 날, 평소대로 시민회관에서 늘 하던 대로 준비하고 늘 하던 대로 제63회 미츠이상사 주주총회가 열렸다. 그런데 늘 그렇지 않은 사태가 일어나는 바람에 현장은 패닉에 빠지고 말았다. 사외이사 다섯 명이 주주총회가 시작된 지 한 시간이 지나서도 모습을 드러내지 않는 것이었다.

달관 씨   여기는 대장 달관. 으흠, 제각기 장소에서 보고하라. 딸깍.

코다   예, 여기는 청소 담당 코다입니다. 이노우에 부장은 제가 쓰레기통에 버린 의결권을 아침부터 땀을 흘리며 찾고 있습니다. 딸깍.

달관 씨   네, 잘 알았습니다. 그대로 불태워버리세요. 딸깍.

후쿠야마   넵, 여기는 운전사 후쿠야마입니다. 오늘은 어찌된 영문인지 우회전 네 번을 거듭하는 바람에 뱅뱅 돌고 있네요. 뒷좌석 사카모토 부장을 모시고 있는데, 회의장까지 시간에 맞게 모실 수가 없습니다. 으흠, 그래서 말인데…, 이번에는 좌회전을 네 번 시도해보려고 합니다. 딸깍.

달관 씨   오케이. 좌우회전을 네 배수로 거듭거듭 시도해주세요. 딸깍.

가미야   여기는 경비실 가미야. ID카드 위조 혐의로 바깥으로 나가지 못하는 60대 남성이 하나 있습니다. 그는 자기가 시스템부 야마오 부장이라고 죽을힘을 다해 호소하고 있지만, ID가 도무지 맞지 않는군요. 딸깍.

달관 씨   그래요, 회사의 주요 기밀이 유출될 위험이 있으므로 앞으로 한 시간은 구속해두세요. 딸깍.

아이   여기는 사원식당의 아이. 아침 10시부터 점심을 먹으로 온 후줄근한 임원이 있어서 어제 먹다 남은 걸로 주먹밥을 만들어주었더니 지금 총알 달린 시계추처럼 화장실을 오가고 있습니다. 딸깍.

달관 씨 앞으로 한 시간 안에 나오지 않으면 호스로 물을 뿌려주세요. 딸깍.

나는 총회 회의실에서 무슨 일이 벌어지는 줄 모른 채 패닉 상태에 빠지고 말았다. 다만 츠카야마 팀장과 미츠이 사장이 차분히 앉은 모습을 보고 나의 판단을 넘어선 '좋은 방향'으로 일이 진행될지도 모른다는 희망을 품었다.

달관 씨 그럼 이제 최후의 바퀴벌레 퇴치장치의 키를 열어야겠어.

비서도 임원도 없는 적막강산 임원 사무실 층에 '두웅! 두웅!' 둔탁한 소리가 울려 퍼졌다.

나베시마 어이, 거기 누구 없어! 문이 안 열리잖아!

달관 씨 어라, 무슨 일이지요? 여기 수리보수과입니다만.

나베시마 아, 다행이야! 빨리 이 문 좀 열어봐.

달관 씨 나베시마 히로후미 씨, 맞죠?

나베시마 오오, 수리보수과가 용케도 내 이름을 아네.

달관 씨 자식을 죽인 인간의 이름을 잊어버리는 사람이 있을까요?

나베시마 뭐…? 무슨 말이야? 난 사람을 죽인 적 없어.

달관 씨 벌써 15년이나 흘렀네요. 당신이 증권회사 애널리스트였을 때 니가타에서 사원 하나가 파견되지 않았던가요?

나베시마 히카루였던가…. 그렇지만 그 녀석이 죽은 건 내 탓이 아니야! 그 자식이 제멋대로 죽어버린 거야!

달관 씨 아, 그런가요.

나베시마 나도…. 나도 정말 힘들었어. 위에서는 압력을 가하고, 투자한 고객도 있고, 히카루는 내가 맡은 첫 부하여서 지켜주고 싶었지만 내 몸 하나 지키기에도 힘이 드는 상황이었어. 부하가 자살을 하는 바람에 온갖 사람들한테 비난을 받았지만 난 선택할 수밖에 없었어. 무슨 말을 듣건 반드시 살아남으리라고!

달관 씨 9월 4일이 무슨 날인지 알고나 있습니까?

나베시마 잊을 리 없잖아! 난 매년 그날 니가타에 온다구!

달관 씨 역시 당신이었어.

그런 다음 달관 씨는 문을 열었다.

달관 씨 이런 얼굴이었구만….

나베시마 뭐가!

달관 씨 히카루의 얼굴 주변에, 도쿄 회사에서 만났던 월급쟁이들의 얼굴을 떠올려보고 싶었거든. 누가 뭐래도 그 상사도 인간이라 생각하고 싶어서. 인간이 없는 곳에 사랑이 생길 수 없지. '나베시마 히로후미' '상사' '200시간 야근'이라는 말만으로는 증오심밖에 일어나지 않으니까. 그렇지만 그놈도 아마 인간일 거라고 난 믿고 싶었어. 그놈에게도 그 사람 나름의 사정이 있었을 거라고. 나베시마 씨! 2년간 히카루와 함께해줘서 감사합니다!

가야마가 뜬금없이 말한 '고참 부장 3인의 갱단'은 정말로 손을 잡고 있었다. 주주총회에서 영업1팀의 실적을 이유로 '재건계획이 완료되었으므로 5명의 사외이사를 해임한다'라는 대체안이 암암리 마련되어 있었고 무사히 그 안이 가결되었다. 5마리 바퀴벌레를 처치해주기를 바라는 사장과 달관 씨, 츠카야마 팀장은 내가 모르는 곳에서 힘을 모아 그 안을 만들어두었던 것이다.

리허설을 하는 동안 내가 외치면서 배운 한 가지 성공법칙이 있다.

'100% 통하지 않을 의견'이라고 포기해버리면 의외로 통할 수도 있다는 법칙이다. 이것을 그들 갱단처럼 멋들어지게 설명할 능력은 내게 없지만 **'포기한다'라는 것은 결과에 집착하지 않는다는 상태**를 말하는 듯하다.

결과에 집착하지 않으므로 정말로 무슨 일이 일어나든 '최고'라고 생각할 수 있는 것이다. '잘되든' '잘못되든' 정말로 아무래도 좋은 거라 생각하며 난 외쳤던 것이다. 그때의 심경이야말로 '밝게 포기하는' 경지이고, 어느 쪽으로 굴러가든 그 방향을 '정답'이라고 생각할 자신이 있었다. 이것이 '포기하면 의외

로 통한다'라는 나의 성공법칙인 셈인데, 역시 나에게는 그들처럼 멋들어지게 철학적으로 설명할 능력이 없으므로 그 이후 니가타에서의 추억담이나 해보려고 한다.

가야마 선~서! 제63회 미츠이상사 사원운동회 개최를 선언합니닷!

코타로 뭐야. 개회식에서 저런 비장한 선언문을 발표하다니. 촌스럽게스리.

사다미츠 부인 나도 그렇게 생각해요. 촌시러버.

가야마 아, 아이 씨는 아니지!! 나, 폼 났지!!

아이 선 오브 어 록의 베이스가 더 멋있어.

사다미츠 부인 어이, 가야마! 이쪽 미트볼에 손대지 말앗! 넌 아이 씨가 만든 도시락이나 먹어. 이건 팀장 몫이야. 니가타에서 외톨이잖아.

그러니까 여차하면 감기에나 걸리고 말이지.

코타로 외톨이라니요, 말 좀 가려 하세요. 하긴 오늘도 감기 기운이 좀….

사다미츠 부인 오오, 히메짱, 여기여기!

자리 잡아뒀어. 아기 눕힐 자리도 마련해두었어!

츠카야마 몇 개월이야?? 엄마 닮아서 예쁘기도 하네. 이름은 뭐야?

행복은 누가 결재해주나요?

아카무라 사쿠라예요.

츠카야마 오오, 그럼 아주 예쁘게 잘 자랄 거야.

오노 예? 츠카야마 팀장님, 그거 설명 좀 해주세요. '그럼'의 의미를 모르겠는데요.

코타로 오노, 지금 타석에 선 고등학생 누구? 어디선가 본 듯한 얼굴인데….

달관 씨 내 손주야.

코타로 예? 달관 씨 손주 있었어요?

달관 씨 히카루의 재림이라고나 할까. 다만 히카루하고는 달리 자동차 만지는 거 너무 좋아하니까 최고의 유망주라고 해야겠지.

코타로 그렇다면 기름 가득 묻은 손으로 은행 같은 데 가지 않아도 되겠네요. 우리처럼 가족을 소중히 여기는 회사에 취직하면 되죠.

달관 씨 **좋은 일만 일어난다고 다 좋은 건 아니야. 그게 인생이란 놈이니까.** 나쁜 회사에 들어가도 좋아. 그렇잖은가, 코타로. 모든 것이 하나이므로 '좋은 것'도 '나쁜 것'도 없다고 내가 말하지 않았던가?

코타로 넵. 특정한 방향만을 가지려는 태도는 나도 이제 버렸습니다. 자신의 좁은 가치관만으로 판단한 결과에 집착하지 말고 **일어나는 모든 일이 아마도 가장 좋은**

일일 거라고 생각하게 되었습니다.

달관 씨 오. 마침내 선 오브 어 록의 CD를 들었구만.

코타로 그럼요. 좋은 곡이던데요.

괜찮아♪ 걱정하지 마♪ 일어나는 모든 게 가장 좋은 일♪ 판단하지 마♪ 눈앞에 일어나는 일을~♪ 그 모든 것은 아마도 좋은 일♪

달관 씨 생각보다 음치네. 그럼 지금의 자네라면 '나쁜 일'도 '나쁜 사람'조차도 받아들일 수 있어? 그러니까 **'선'만 이 일어나! 하고 바랄 때, 그 집착 때문에 고통받는 사람은 본인**이니까.

코타로 그럼요. '좋은 방향'을 기대하기 때문에 고통 받아요, '좋은 방향'이건 '나쁜 방향'이건 일어난 것을 '정답'이라 생각하면 아주 편안히 살 수 있으니까요.

달관 씨 **그럼 '악'을 무엇보다 먼저 받아들여야 한다는 거네.** 그리고 싫은 사람을 무엇보다 먼저 좋아하지 않으면 안 되고. 코타로…. 나베시마도 운동 부족일 거야.

코타로 달관 씨, 당신 이야기를 2년 동안 들었습니다. 나도 성장했고요. 내가 먼저 나베시마 씨한테 운동회에 참가해달라고 말을 했습니다. 영업부원은 많으면 많을수록 좋으니까요. 봐요, 저쪽에서 겸연쩍은 몸짓으로 걸어오고 있잖습니까. 배가 좀 많이 나왔네요.

달관 씨 고맙네, 코타로. 매년 말이야, 히카루의 기일에 꽃을 묘 앞에 가져다 둔 사람이 나베시마였어. 아마도 근본은 착한 사람일 거야. **사회생활을 하면서 온갖 옷을 뒤집어썼을 뿐**이지. 그렇지만 그걸 벗어던지기만 하면….

코타로 벗어던지면 누구든 똑같다는 거죠.

달관 씨 띠린띠린띠린 ♪ 코타로는 악에도 마음을 열었지. 레벨이 오른 코타로에 나베시마가 뒤를 이었네.

코타로 역시 진심으로 하는 말이네요. 전국의 월급쟁이 가운데서 자살하는 사람이 나오지 않게 한다는 거. 도울게요. 어쩐지 될 것 같은 느낌입니다.

달관 씨 안 될 리가 없지. 누구든 양복 안쪽은 인간이니까. 양복이 인간을 입은 것이 아니라, 인간이 양복을 입고 있으니.

가야마 과장님, 타석에 들어가주세요!

코타로 좋았어!! 잘 봐둬, 가야마, 내가 어떻게 치는지! 난 말이야 중학생 때 대표선수였어. 겐짱의 속구를 치는 선수는 나뿐이었어!!

내가 친 공은 높이 솟아올라 3루 파울, 그리고 사라졌다.

사장 후쿠야마 씨, 늦게 오길 잘 한 것 같아요.

후쿠야마 길이 막혀서, 죄송합니다.

사장 아니오. 주인공은 분위기가 좀 무르익었을 즈음에 나타나야 하는 겁니다. 잘 보세요. 우리 회사에 이렇게나 밝은 웃음이 가득하지 않습니까. 그리고 사원의 웃음 띤 얼굴 주위에는 가족의 웃음이 피어납니다. 아마도 그 가족이 다니는 학교에서도 그리고 가족이 다니는 다른 회사에서도 웃음꽃이 피어날 겁니다. 꽃은 퍼져나가는 거니까.

후쿠야마 사장님, 꽃가루는 100킬로미터나 멀리 날아간다고 합니다.

사장 엉? 100킬로미터나? 그렇군요. 그럼 나도 저기 운동장에 내려가서 초대형 홈런이라도 쳐볼까요. 100킬로미터 저편에 있는 월급쟁이 앞에 떨어질 만큼.

이것이 니가타에서 지낸 4년간의 기록 일부이다.

아, 왜 '4년간'이냐고?

치매하고는 거리가 먼 그 사장이 1월 4일에 '내년에도 잘 부탁합니다' 하고 말하는 시점에서 사장은 나를 니가타에 남기기로 정해버렸으니까 말이다. 또 다른 기회가 있으면 부장으로 남은 2년간의 고생담이라도 좀 들어주시길. 그날까지 당신에게 웃음꽃이 계속 피어나기를.

　그렇지 않다 해도 괜찮다. 설령 웃음이 피어나지 않을 때라
도 '누군가'가 그런 당신을 보고 웃어줄 테니까.

　행복은 누가 결재해주나요?

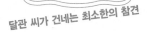

의견이
받아들여지지 않아도
결국 마지막에는
'정답'으로 바뀌니까,
괜찮아.

'좋은' 결과 만들기에만 집착하지 말고,
결과를 '좋은 것'이라고 생각하는 인간이 되기를.
당신 눈앞에서 일어나는 모든 일은 필시 좋은 것이다.

'월급쟁이가 나라를 지탱하고 있다.'

단지세대가 거품경제에 휘말려 비틀대는 시대에 자주 듣던 대사이다. 반론, 이론이 나오기 전에 다른 말로 바꾸어보자.

'주부가 나라를 지탱하고 있다.'

'학생이 나라를 지탱하고 있다.'

물론 그런 측면도 있긴 하지만 어쩐지 확 오지 않는다. 왜냐하면 '월급쟁이'라는 울림이 이미 주부나 아이들을 내포하는 정서가 가득한 말이기 때문이다.

월급쟁이 옆에는 늘 가족을 지탱하는 배우자가.

콧물을 흘리는 아이들이.

말의 울림만으로 사회의 모든 구성원을 떠올리게 하는 '월급쟁이'. "월급쟁이를 주제로 한 책을 써보지 않겠습니까?"라는 출판사의 의뢰를 받았을 때 나는 바로 "예"라고 대답했다.

사실은 고맙게도 《하느님과의 수다》라는 책이 베스트셀러가 되는 통에 많은 출판사에서 의뢰가 밀려들어 그 대부분을 거절하는 상황이었다. 그러나 이번 의뢰만은 곧장 받아들였다. 왜냐하면 나도 10년간 월급쟁이로서 회사생활을 했기에 이런 이야기를 쓰고 싶었다. '쓸 수 있다'고 생각했다. 나아가 내가 '써야 한다'고 생각했다.

서재 겸 사무실로 쓰는 다카다이의 연립주택 방에서 바깥을 내려다보며, 그 거리에도 많이 있을 터인 월급쟁이들의 생각에 의식을 모아 함께 진동하면서 2주일 동안 틀어박혀 완성한 것이 2016년 11월경이었다.

세간에서는 덴츠 사건(일본에서 가장 큰 광고회사인 덴츠에서 격무에 시달린 사원이 스스로 목숨을 끊은 사건)을 계기로 과로 문제가 표면화하여 '근본적인' 노동여건개혁에 대한 사회적 논의가 시작될 즈음이었다. 법률에 관해서는 사법에 맡기고 회사를 바꾸는 것은 경영자에게 맡기고, 나는 월급쟁이 하나하나의 의식 개혁을 돕고 싶다는 생각으로 주제를 정했다. '회사를 그만 둔다' '그만두지 않는다'는 논의보다도 더 근원적인 부분에 접근해보리라고. 그것이 '나의 의식'이다.

'환경'을 아무리 바꾸어본들 그곳을 오가는 사람의 '의식'이 바뀌지 않으면 똑같은 일이 일어난다. 그것은 최신 물리학이나 뇌과학이 확인해주는 일이다. 애당초 환경이라는 외적 요인은 바뀌지 않는다. 바뀌는 것은 오로지 내적 요인으로서 의식뿐이다. 이렇게 말하는 나도 환경보다 먼저 의식을 바꾸어 보다 나은 현실을 만들어낸 인간 가운데 하나이다.

10년 동안 월급쟁이 생활 가운데서 몇 번이나 도망치고 싶었던 인간관계와 고통스런 업무에 시달리면서도 그때는 일부러 그만두지 않았다. '지금 그만두면 고뇌를 짊어진 채 똑같은 처지에 놓이고 말지 않을까?'라는 아내의 조언도 크게 작용했다. 그래서 도망치고 싶은 그 타이밍에서는 회사에 남는 길을 선택했다. 그리고 회사생활을 하는 가운데 고뇌도 없이 인간관계도 순조로워 어느 때보다 '그만두지 않아도 좋은' 시기에 회사를 뛰쳐나왔다. 하고 싶은 일을 찾은 그 타이밍이 마침 회사생활의 고뇌가 없는 시기였다는 것도 정말 행운이었다. 만일 회사를 뛰쳐나오고 싶을 때였다면, '달리 하고 싶은 일이 생겨서'라는 것도 변명처럼 느껴져 내 의식을 언제까지고 괴롭혔을 것이다. '환경'보다도 먼저 '의식'을 바꾸어야 한다.

그러나 이 책에서 썼듯 단 하나의 예외가 있다. 어떤 상황이든 죽을 정도로 힘들다면 도망치는 것이 좋다. 왜냐하면 목숨이 없으면 세상의 룰을 깨우친들 아무런 의미가 없기 때문이다. 월급쟁이 시절 멘탈에 맛이 간 사원을 몇 사람 본 적이 있다. 행복해지기 위해 월급을 받을 터인데, 월급을 받기 위해서라면 설령 불행해진다 해도, 또는 멘탈이 무너지더라도 견디지 않으면 안 된다고 생각하는 본말(本末)이 전도된 사람을 많이 보았다. 유명한 블랙 유머인데 "건강을 위해서라면 죽어도 좋다!"와 같은 것이다. 목적이 수단에게 정복당한 셈이다. 왜 그렇게 되었을까?

본인에게 '당연한 것'을 본인만 느끼지 못하고 있다. 고정관념이라는 이름의 편광안경은 쓴 본인만 모른다. 안경으로 안경을 볼 수 없는 것이다. 그러므로 만일 당신 주위에서 이상한 상황인데도 억지로 그것을 살아가는 사람이 있다면, 꼭 이 책을 건네주면 좋겠다. 조금이라도 풋, 웃을 수 있다면 마음의 여유가 생길 것이다. 그 여유가 '내가 뭘 하고 있지?'라는 의문을 일으키고 스스로를 좋은 방향으로 이끌 것이다. 이렇게 하여 마음의 여유가 사회에 널리 퍼져간다면 저자에게 그보다 더 큰 보람은 없다.

당신은 동료 얼굴 곁에 그 가족의 얼굴이 보이나요?

또는 당신 남편 회사 사람은 당신의 얼굴을 알고 있나요?

가족에게 회사 일을 더 많이, 회사에서는 가족에 대해 더 많은 말을 할 수 있는 환경을 만들고, 월급쟁이가 '물건'이 아니라 '사람'으로 돌아가는 환경을 만들기 바란다.

'좋았던 옛날'도 넘어서는 '보다 나은 사회'를 만들기 위해 한 사람이라도 더 읽어주기를 바라는 마음으로 책을 썼다.

자, 마지막으로 한 가지 여담을.

사실은 어느 한 장을 새로 썼다. 왜냐하면 '눈앞이 새카매지는 사건'이 실제로 일어났기 때문이다. 전체 18장 가운데 16장까지 완성한 어느 날. 컴퓨터 키보드 무선주파수가 고장나서 'delete' 키가 계속 눌린 상태가 되어, 쓰기만 하면 그냥 문장이 날아가버린 것이다. 초조해진 나는 그 장(16장)을 포기하려고 강제 종료하여 파일을 닫았다. 그랬더니 배후의 폴더가 표시되면서 그 안에 보존되어 있던 모든 장이 하나씩 사라져 가는 게 아닌가. 왜냐하면 'delete' 키가 눌려진 상태였기 때문에!

15장 파일, 14장 파일, 13장 파일…. 마침내 눈앞에서 모든 파일이 사라져버렸다. 그때까지 몇 십 시간 노력한 결과물, 아이디어, 대화 사이사이에 끼어있던 최고의 유머, 모든 것이 사라졌다.

정말로 정말로 '눈앞이 새하얗게 변했다'. 그 이후 컴퓨터 전문가에게 부탁하여 완전히 없어진 데이터를 복구한 나는 '눈앞이 새하얗게' 변했던 그 감각이 남아 있을 동안, 제12장만 처음부터 다시 쓰기로 한 것이다.

모든 장에 나의 월급쟁이 시절 '경험'이 살아 있다. 월급쟁이였기에 알 수 있는 감각을 기반으로 글을 썼다. 다만 12장만은 '직후'의 '따끈따끈한' 경험으로 다시 썼기에 좀 다른 메시지가 들어 있을지도 모른다. 만일 중대한 실수를 해서 '눈앞이 새하얗게 변하는' 상황에 놓인 사람이 있다면, 마음 푹 놓으시기를.

무엇보다 나는 당신의 기분을 잘 안다! 정말로 '모든 것이 끝났다!'라고 생각할 것이다! 그렇지만 어떻게든 해결이 된다니까요. 만일 어떻게 해도 안 된다면 이미 '어떻게 해도 안 되는' 그것을 '정답'으로 받아들이고 인생을 걸어가면 되는 것이다. 인생(사람이 살아가는 그 방향)이야말로 정답일 테니까.

여기서 많은 '고마움'을 표하고 싶다. 이 책을 쓸 계기를 만들어주고 원고를 기다려준 쇼가쿠칸(小學館) 편집부 후지타 씨에게 감사드린다.

　'사원운동회'를 실시할 정도로 따스한 온기를 가진 옛날의 회사에 다시 돌아가고 싶다. 문장 속에 몇 번이나 실명으로 사용한 선 오브 어 록의 멤버 여러분에게 감사드린다.

　이 책이 영화화되면 극중 노래를 반드시 불러주시길. 나도 선 오브 어 록의 멤버이긴 하지만 말이다(웃음). '현실보다 먼저 웃는 자'라는 의미로 이름 붙인 '와라와~'라는 사토 미쓰로의 활동을 떠받쳐주는 독자 여러분께, 감사드린다. 독자 여러분이 있기 때문에 책이 만들어진다.

　그리고 '월급쟁이' 시대부터 나를 떠받쳐 준 나의 가족, 친구 여러분에게 고마움을 보낸다. 사회적 지위가 변한다 해도 변함없이 같이 웃으며 삽시다.

　그리고 무엇보다 전국의 월급쟁이에게 감사드린다. '월급쟁이가 나라를 떠받친다'라는 말을 나는 믿는다.

2017년 1월

구다카지마와 나카구스쿠만을 바라보는 서재에서

전(前) 월급쟁이 사토 미쓰로

행복은
누가
결재해주나요?